博士文库

在建地铁车站对紧邻既有结构物的影响分析与变形控制措施探讨

武科 高明 刘金龙 著

海洋出版社

2015年·北京

图书在版编目（CIP）数据

在建地铁车站对紧邻既有结构物的影响分析与变形控制措施探讨/武科，高明，刘金龙著.—北京：海洋出版社，2015.8
（博士文库）
ISBN 978－7－5027－9211－4

Ⅰ.①在… Ⅱ.①武… ②高… ③刘… Ⅲ.①地下铁道车站－工程施工－影响－既有铁路－研究－深圳市 Ⅳ.①U231

中国版本图书馆 CIP 数据核字（2015）第 177930 号

责任编辑：朱 瑾 任 玲
责任印制：赵麟苏

海洋出版社 出版发行

http://www.oceanpress.com.cn
北京市海淀区大慧寺路 8 号　邮编：100081
北京朝阳印刷厂有限责任公司　新华书店发行所经销
2015 年 8 月第 1 版　2015 年 8 月北京第 1 次印刷
开本：787mm×1092mm　1/16　印张：9
字数：142 千字　定价：30.00 元
发行部：62132549　邮购部：68038093　总编室：62114335
海洋版图书印、装错误可随时退换

前　言

随着中国大型与超大型城市规模的不断扩大，城市开发强度的提高，城市人口密度的快速增长，不仅城市地面建筑密集发展，而且城市地下空间也逐步大规模得以开发利用。城市地下交通枢纽工程已成为一种重要的城市地下空间结构，为城市居民提供了便捷的交通换乘。而作为地下交通枢纽主体结构建设型式，大型深基坑工程不得不面临紧邻地面或地下既有结构的工程建设问题和难点。新建交通枢纽地下结构紧邻既有结构的建设过程中，除了保证深基坑的自身稳定和安全外，最主要目标在于如何控制既有结构的变形，将其限制在安全运营许可的范围内，在保证既有结构正常运转的条件下实现基坑的安全施工，这个要求可能要远远高于基坑结构安全与地层稳定对于施工的要求。因此保证既有结构的安全运转是紧邻既有结构工程的建设重点和难点，而保证基坑工程的施工安全又是保证既有结构及周边建筑物及地下管线安全的前提和基础。

本书作者依托深圳市新建地铁11号线车公庙交通枢纽建设中的深基坑工程，重点阐述了地铁车站侧穿既有原有地铁1号线车站和丰盛町地下商业街的变形规律研究方法，提出了有效的变形控制措施，以期能为地铁车站侧穿既有地下结构工程建设提供借鉴和参考。本书中有些内容也只是初步成果，目前正在进行更深入的研究工作。

由于作者水平所限，书中错误和不妥之处在所难免，敬请读者提出宝贵的意见。

作者
2015年7月

目　录

1 绪论 …………………………………………………………… (1)
　1.1　选题背景与意义 ………………………………………… (1)
　1.2　地铁车站基坑工程的研究现状 ………………………… (1)
　　1.2.1　现场实测 ………………………………………… (2)
　　1.2.2　理论分析 ………………………………………… (3)
　　1.2.3　室内试验研究 …………………………………… (4)
　　1.2.4　经验类比法 ……………………………………… (5)
　　1.2.5　变形控制措施 …………………………………… (5)
　　1.2.6　存在的主要研究问题 …………………………… (6)
　1.3　主要内容 ………………………………………………… (6)
2　工程背景及其周边环境分析 ……………………………… (8)
　2.1　工程概况 ………………………………………………… (8)
　2.2　工程地质及水文地质概况 ……………………………… (15)
　　2.2.1　地理位置及地形地貌 …………………………… (15)
　　2.2.2　工程地质情况 …………………………………… (16)
　　2.2.3　水文地质情况 …………………………………… (16)
　2.3　基坑岩土问题及处理措施 ……………………………… (18)
　　2.3.1　填土层上层滞水的影响及防治 ………………… (18)
　　2.3.2　岩土体的软化 …………………………………… (18)
　　2.3.3　基坑边坡变形 …………………………………… (18)
　　2.3.4　渗透变形 ………………………………………… (18)
　2.4　对周边环境的影响 ……………………………………… (18)
3　基于现场实测方法的在建车站侧穿既有地下结构的变形规律研究 …………………………………………………… (20)
　3.1　现场监测 ………………………………………………… (20)
　　3.1.1　监测目的 ………………………………………… (20)

3.1.2　监测频率及控制标准 ……………………………………… (21)
　　3.1.3　监测数据处理及反馈 ……………………………………… (21)
　3.2　基于现场实测数据分析的深基坑围护结构变形规律 ………… (22)
　　3.2.1　水平位移分析 ……………………………………………… (22)
　　3.2.2　沉降变形分析 ……………………………………………… (24)
　　3.2.3　倾斜变形分析 ……………………………………………… (26)
　　3.2.4　紧邻既有地下结构沉降变形分析 ………………………… (29)
　3.3　小结 ………………………………………………………………… (31)

4　基于数值计算方法的在建车站侧穿既有地下结构的变形规律研究 …… (32)

　4.1　PLAXIS有限元分析软件 ……………………………………… (32)
　　4.1.1　前处理功能 ………………………………………………… (33)
　　4.1.2　计算分析功能 ……………………………………………… (33)
　　4.1.3　后处理功能 ………………………………………………… (34)
　　4.1.4　土体硬化模型(HS) ………………………………………… (34)
　4.2　数值计算模型 ……………………………………………………… (35)
　　4.2.1　基本假定与计算范围 ……………………………………… (35)
　　4.2.2　岩土体工程力学参数 ……………………………………… (37)
　　4.2.3　基坑施工过程模拟 ………………………………………… (38)
　4.3　数值模拟计算结果分析 …………………………………………… (40)
　　4.3.1　矢量分析 …………………………………………………… (40)
　　4.3.2　应变分析 …………………………………………………… (45)
　　4.3.3　应力分析 …………………………………………………… (54)
　　4.3.4　毗邻地下结构倾斜变形分析 ……………………………… (64)
　4.4　小结 ………………………………………………………………… (67)
　　4.4.1　地下水对于深基坑建设的影响分析 ……………………… (67)
　　4.4.2　施工工法对于深基坑建设的影响分析 …………………… (68)
　　4.4.3　在建地铁车站深基坑围护结构倾斜变形分析 …………… (68)

5　基于模型试验方法的在建车站侧穿既有地下结构的变形规律研究 …… (70)

　5.1　概述 ………………………………………………………………… (70)

5.2 模型试验的相似理论 ………………………………………… (70)
　　5.2.1 相似判据的推导 …………………………………… (71)
　　5.2.2 模型试验相似理论 ………………………………… (73)
5.3 相似材料的研制及相关力学试验 …………………………… (74)
　　5.3.1 相似材料的研制 …………………………………… (75)
　　5.3.2 相似材料的力学试验 ……………………………… (76)
5.4 模型试验装置 ………………………………………………… (80)
5.5 地铁车站深基坑施工过程试验研究 ………………………… (82)
　　5.5.1 模拟范围 …………………………………………… (82)
　　5.5.2 相似材料 …………………………………………… (82)
　　5.5.3 试验过程 …………………………………………… (83)
5.6 试验结果分析 ………………………………………………… (84)
　　5.6.1 应力分析 …………………………………………… (85)
　　5.6.2 围护结构倾斜分析 ………………………………… (88)
　　5.6.3 既有地下结构失稳模式 …………………………… (90)
5.7 小结 …………………………………………………………… (91)

6 在建车站侧穿既有地下结构的变形控制措施研究 ………… (93)
6.1 车公庙交通枢纽施工方案与方法 …………………………… (93)
　　6.1.1 总体施工方案 ……………………………………… (93)
　　6.1.2 车站主体围护结构施工方案 ……………………… (94)
　　6.1.3 车站基坑降水与土石方工程施工 ………………… (96)
　　6.1.4 车站主体结构施工 ………………………………… (96)
6.2 施工方案比选 ………………………………………………… (101)
　　6.2.1 明挖顺筑法 ………………………………………… (101)
　　6.2.2 盖挖逆筑法 ………………………………………… (109)
　　6.2.3 与现场实测、模型试验结论对比 ………………… (116)
6.3 围护结构参数的影响 ………………………………………… (117)
　　6.3.1 厚度分析 …………………………………………… (117)
　　6.3.2 支撑轴力分析 ……………………………………… (120)
6.4 变形控制措施 ………………………………………………… (121)
　　6.4.1 深基坑施工影响范围的确定 ……………………… (121)

3

  6.4.2 周围环境调查 ·· (123)
  6.4.3 车公庙地铁车站深基坑施工对紧邻既有地下结构的变形
     控制措施 ·· (124)
 6.5 小结 ··· (126)
7 结论 ··· (127)
参考文献 ··· (129)

1 绪 论

1.1 选题背景与意义

随着中国大型与超大型城市规模的不断扩大,城市开发强度的提高,城市人口密度的快速增加,不仅城市地面建筑密集发展,而且城市地下空间也逐步大规模的开发利用。地下交通枢纽工程已成为一种重要的城市地下空间结构,为城市居民提供了便捷的交通换乘。而作为地下交通枢纽主体结构建设型式,大型深基坑工程不得不面临紧邻地面或地下既有结构的工程建设问题和难点[1]。新建交通枢纽地下结构紧邻既有结构的建设过程中,除了保证深基坑的自身稳定和安全外,最主要目标在于如何控制既有结构的变形,将其限制在安全运营许可的范围内,在保证既有结构正常运转的条件下实现基坑的安全施工,这个要求可能要远远高于基坑结构安全与地层稳定对于施工的要求[2,3]。因此保证既有结构的安全运转是紧邻既有结构工程的建设重点和难点,而保证基坑工程的施工安全又是保证既有结构及周边建筑物及地下管线安全的前提基础。

1.2 地铁车站基坑工程的研究现状

深基坑工程作为地铁车站建设的主体结构型式,不仅涉及经典土力学理论的介质强度、基坑稳定与开挖变形等问题,还涉及岩土体与支护结构相互作用、时空效应等难点[4]。实践表明,深基坑工程这个历来被认为实践性很强的岩土工程问题,发展至今天,迫切需要理论来指导、充实和完善,同时也应针对各个工程的具体特点开展相关的理论与实践活动[5-7]。尽管国内外对基坑开挖与支护问题进行了大量的研究,然而由于基坑工程存在大量的不确定性因素,不确定性因素的存在,导致目前基坑工程中存在理论上的一些问题,如基坑的稳定性、支护结构的内力和变形以及对周围建（构）筑物的影响及保护的计算分析，目前尚不能准确地得出定量的结果[8,9]。作为研究深基坑施工工艺与支护措施的研究手段，已形成了现场实测、理论分析、室内试验研究、经验类比法四种方法。

1.2.1 现场实测

深基坑工程现场实测是采用多种现场监测仪器对深基坑建设期间围护结构与周边环境开展了围护结构内力、支撑轴力、倾斜变形、地表沉降、地下水位等实时监测与分析，以此掌握围护结构与周边环境在基坑开挖过程的动态变化特征，对深基坑工程的施工给予一个综合性的安全评价[10-14]。近年来，深基坑工程监测水平有了很大提高，监测手段不断多样化，监测项目不断多层次化以及监测仪器逐渐先进化促使监测的精度不断提高，对于监测数据的处理分析也有了不小的进展[12-15]。

国外针对深基坑工程的现场实测最新研究如下，Lam S. Y.[16]通过分析深基坑施工期围护桩倾斜监测数据，揭示了深基础工程施工的破坏机理。Lavrov I. V.[17]依托墨西哥医院大楼深基础工程，通过围护结构的变形与受力监测，建立了深基础工程破坏与工程地质共同评判的准则。Capelo Antönio[18]通过现场监测改良土 CSM 在深基坑支护体系中的效果，提出了深基坑数值模拟的计算模型。Sundaram Ramesh[19]通过建立结构健康诊断系统，开展了深基础工程建设期间和运营期间的变形监测，评估了深基础结构的稳定性。同时，国内所开展最新的深基坑工程现场实测研究如下：刘亚龙[20]基于 FLAC3D 有限差分法，针对深基坑工程开展了数值模拟，探讨了围护结构失稳破坏模式。李磊[21]以南昌地铁艾溪湖东站深基坑工程为研究对象，对现场施工过程的监控量测数据进行分析，重点研究深基坑施工过程中围护结构的水平变形随基坑开挖深度和时间的变化规律。刘杰[22]以某城市大型地铁车站基坑为研究背景，对基坑围护结构及其变形监测方案进行了设计，并对基坑围护结构变形的现场监测数据进行了分析，重点分析了基坑施工过程中围护结构的水平变形随基坑开挖深度和时间的变化规律。周克勤[23]结合北京某地铁车站深基坑围护结构桩体变形监测工程，通过公式推导得出桩体变形机理，利用实测数据对基坑的桩体水平位移变化值进行了统计分析，得出了在不同开挖时期桩体变形规律。王伟[24]以合肥轨道交通 1 号线试验段 I 标为研究对象，通过现场实测，分析了基坑的水平位移、竖直位移、地下水位及支撑轴力随着时间及空间的变形规律。高立新[25]以北京地铁奥运支线折返线车站深基坑为研究背景，依据监测资料，重点分析围护桩变形监测数据和基本规律；将钢支撑受力情况和桩体变形相结合分析，研究围护结构各部分的协同作用。

1.2.2 理论分析

深基坑开挖支护稳定性理论分析主要是通过建立理想的数学力学模型，采用解析计算方法和数值模拟分析法开展理论研究。由于岩土工程介质的复杂性和解析解数学求解的困难性，致使很多深基坑工程问题的解析解很难得到解析解[26]。与此同时，基于高性能计算机和数学仿真方法，将岩土工程模型在计算机平台上进行研发和分析，以此寻找到工程问题的近似解答已成为岩土工程理论研究的主要技术手段[27]。因此，目前对穿越工程的理论分析研究一般都采用数值法，即利用大型数值分析软件（例如ANSYS、FLAC3D等），建立数学力学模型进行计算。该方法已在国内外相关研究中得到广泛使用[28,29]。

国外针对深基坑工程的理论分析最新研究如下：Valizadeh Kivi A[30]基于三维有限元数值计算分析方法，采用梁单元模拟基坑支护体系，研究了地铁车站施工过程地表变形规律和支护系统受力特点。Castaldo P[31]采用概率分析方法，针对地铁车站修建过程中对周边建筑物产生的影响的数值计算结果，开展了损伤破坏分析。Romani E[32]针对地铁车站施工过程开展了数值模拟与现场监测，通过对比论证两种分析方法的结果，揭示了地铁车站建设过程中地表变形规律。Yang Q. J.[33]基于数值计算分析方法，探讨了岩土体各种力学参数对地铁车站结构设计的影响效应。Thompson Mark J.[34]针对深基础工程，通过建立数值计算模型，研究了深基础工程施工过程中的各种损伤破坏因素。同时，国内所开展最新的深基坑工程理论分析研究如下：唐长东[35]以某紧贴地铁车站的深基坑工程为背景，采用三维有限元法数值分析手段，动态模拟了该深基坑工程的施工全过程。张明聚[36]通过建立数值计算模型，对多种预加轴力加载方案中桩身水平变形进行对比分析，研究了支撑刚度变化与围护结构变形的关系、围护桩刚度变化与围护结构变形的关系。李佳宇[37]以南宁轨道交通一号线广西大学站基坑工程为背景，应用FLAC3D数值计算软件对基坑开挖的全过程进行模拟分析，研究了圆砾层中地铁车站深基坑的连续墙水平变形及周围地表沉降变形特征。李培楠[38]以上海轨道交通9号线宜山路站换乘通道下穿轻轨3号线车站的基坑工程为背景，建立三维数值分析模型，对基坑施工进行全过程动态模拟。黄佳[39]以北京地铁7号线六标为工程背景，采用大型有限元软件ANSYS对洞桩法小导洞开挖和主体结构施工两个重要施工工序进行数值模拟。王海洋[11]以地铁10号线二期公主坟站穿越1号线公主坟站工程穿越案例为依托，通过三维有限元软件ANSYS进行数值模拟分析，并对比现场实测数据，分析穿越地铁工程引起的地铁结构变形及轨道几何形位的变化规律。褚峰[40]以上海地区一紧邻地铁枢纽的超深基坑工程为分析对象，考虑土体的小应力刚度特性，建立地铁区间隧道和邻近基坑的二维有限元分析模型，探讨了土体小应变条件下超深基坑的变形特征。

1.2.3 室内试验研究

深基坑室内试验通常包括普通相似模拟实验和离心相似模拟实验，基于相似理论，采用相似材料模拟真实材料，通过模型试验装置模拟深基坑施工过程，探讨深基坑开挖支护稳定性[41,42]。对于紧邻既有地下结构的深基坑工程而言，主要采用相似模拟实验。相似模拟实验的优点是可以人为控制和改变实验条件，定性的反映出力学模型的规律，从而能明确单因素或多因素对问题的影响规律，效应直观清楚，周期短、见效快。另外室内试验可以重复且可以做破坏性实验，这是现场所不能的；缺点是相似准则不易满足，边界条件和初始条件也只能近似，在定量分析方面模型试验还存在一定的困难[43]。

Bransby等[44]对砂土中的悬臂式板桩利用室内模型试验研究了板桩和土体在开挖过程受力和变形特性并研究了土与墙之间的接触面和光滑程度、土的性质对挡墙侧移和基坑周围土体沉降的影响。Bolton和Steedman等[45]用模型试验研究了基坑失稳前地下连续墙的性能，土与维护结构的相互作用以及土体位移墙体位移以及孔隙水压力的分布规律。漆泰岳[46]针对修建大跨度地铁车站的工法优化对地表沉降的影响，首先应用数值模拟方法对5种工法进行优化比选，初步确定8步工法为最优工法，然后应用模型试验验证该工法。凌道盛[47]为揭示地下结构地震破坏机理，采用离心机振动台试验模拟地铁车站地震破坏过程。李围[48]采用相似模型试验，进行了在盾构隧道基础上扩挖建成三连拱隧道地铁车站的施工方案研究。梁发云[49,50]以上海某紧邻地铁隧道的深基坑工程为背景，采用离心模型试验，研究开挖过程中地下连续墙和隧道结构的变形特性。马险峰[51]结合上海轨道交通某线路越江隧道修复工程，开展了超深基坑开挖的离心模型试验，得出了在使用地下连续墙围护结构条件下，在压缩性高、孔隙比大、强度低等特点的冲淤沉积地层中超深基坑开挖时围护结构的变形、周围地层的变形、支撑内力以及挡墙前后土压力等的变化规律。

1.2.4 经验类比法

深基坑经验类比法基于类似工程或专家经验，通过系统总结和概述，研究深基坑开挖支护稳定性[52]。该类方法在实际研究工作中使用较少，另外考虑到本工程的特殊性，更需要注重施工工法与规模，与既有地下结构的位置关系，所处区域的工程水文地质情况等多因素。

1.2.5 变形控制措施

随着城市立体空间的不断开发，城市地面和地下既有结构会越来越密集，城市地铁车站深基坑工程不可避免地紧邻既有结构建设，造成深基坑建设本身和紧邻的既有结构都会存在很高的安全风险[53]。工程建设期间，不仅要保证在建工程的安全稳定，而且要保证紧邻既有结构的安全运营要求。因此，对于车站深基坑施工引起紧邻既有结构变形控制要求是非常严格的。施工过程中必须对风险因素进行分析、控制，使施工对紧邻既有地下结构的影响控制到最低水平，保证运营安全的万无一失[54]。目前，国内外地铁类似工程主要的施工控制措施有主动控制和被动控制两种。主动控制主要是控制施工参数，包括开挖工艺、开挖面稳定控制、支护结构与安装、同步注浆等。被动控制主要有临时钢支撑、注浆加固、架设管棚等。这些风险控制措施有效控制了既有结构物的变形，在保障运营安全上发挥了巨大的作用[55]。其中，高盟[56]以紧贴上海某地铁车站的基坑工程为背景，运用FLAC3D软件，建立三维数值分析模型模拟基坑开挖过程，提出在车站开挖侧设置托换桩、旋喷桩及搅拌桩加固和分块开挖的控制车站变形的有效措施。姚宣德[57]对浅埋暗挖隧道下穿既有桥梁进行了研究，提出了桥桩变形控制标准，重点研究了浅埋暗挖洼地下工程施工引起的桩基附加荷载、沉降及变形，并根据桥桩与暗挖隧道的位置关系提出相应的风险控制措施。

1.2.6 存在的主要研究问题

地下交通枢纽工程中的主体结构大型深基坑建设对紧邻既有构筑物而言，必须明确大型深基坑建设对自身稳定性和紧邻既有地下结构变形的影响程度，建立科学的安全控制措施来保证施工过程中的环境安全。通过以上综合论述，该领域的研究主要还存在以下几个方面的问题：

（1）紧邻既有地下结构新建地铁车站工程的实例和研究相对较少，没有系统地研究深基坑建设对紧邻既有地下结构的稳定性和破坏特征。

（2）施工工法决定了深基坑建设的安全性和对周边环境的影响程度。开展施工工法的探讨和分析，对于该工程或类似工程都具有重要的实践意义和应用价值。

（3）目前，在地铁车站紧邻既有地下结构施工的研究中，采用模型试验研究方法的研究成果较少，很难满足地铁工程定量化控制的需求。

（4）在深基坑紧邻既有结构施工的环境安全控制中，多数研究是针对具体工程案例的案例分析和工程总结，未能建立指导类似工程的理论基础和安全风险管理技术体系。

1.3 主要内容

作为地下交通枢纽主体结构建设基本结构型式，大型深基坑工程紧邻地面或地下既有结构的工程成为不可避免的工程建设难点。为此，本文依托深圳市新建地铁11号线车公庙交通枢纽建设中的深基坑工程，重点阐述了地铁车站侧穿既有原有地铁1号线车站和丰盛町地下商业街的变形规律研究方法，提出了有效的变形控制措施，为类似工程提供重要的参考。主要内容如下：

（1）通过现场车站深基坑桩基倾斜监测，分析了盖挖逆筑法施工对紧邻既有地下结构的影响，揭示紧邻既有地下结构在车站深基坑施工过程中的变形规律与支护结构失稳特点。

（2）基于 Plaxis 有限元分析软件，针对深基坑工程紧邻既有地下结构的施工过程，通过有限元数值分析，研究了明挖顺筑法和盖挖逆筑法两种深基坑施工工艺的变形规律和支护结构稳定性；通过考虑渗流固结与开挖扰动等因素，揭示了紧邻既有地下结构的深基坑施工期间的失稳过程，阐述了其主要影响因素。

（3）采用几何比为1:50，材料容重比为1:1，建立地铁车站深基坑施工过程的模型试验装置，通过相似材料配比试验，采用模型介质材料分别模拟地表杂填土层、粉质黏土、粉土、细砂等材料，在模型内部适当位置布设微型多点位移计、微型土压力盒和应力传感器等监测仪器，开展了深基坑施工对紧邻既有地下结构的变形破坏模拟试验，通过对比分析明挖顺筑法和盖挖逆筑法两种施工工艺对既有地下结构的基坑土压力、围护结构体内力及其倾斜变形，阐述了两种施工工法在深基坑建设期间基坑内土压力变化特征，揭示了围护结构内力特征和倾斜变形规律及其成因，论证了现场监测与数值模拟所得到的研究成果的正确性。

（4）依据已有的紧邻既有结构深基坑建设期间开挖支护体系的变形及控制理论，综合分析和对比数值计算、模型试验与现场监测的成果，探讨了围护结构厚度、埋深及支撑轴力等因素对围护结构倾斜变形的影响，提出了紧邻既有地下结构的新线车站深基坑围护结构的变形安全控制措施，为类似工程的制定提供参考。

2 工程背景及其周边环境分析

2.1 工程概况

深圳市作为超大城市，人口密集，加上地质与综合环境条件复杂，轨道交通建设中碰到的重难工程尤其多，其城市轨道建设也成为各种新问题、新工艺、新措施等的试金石。该城市是以特区为中心，西、中、东三条放射发展轴为基本骨架，三级圈层梯度发展的功能性组团集合布局结构，如图2.1所示。其面临的主要交通问题是：① 城市交通滞后于城市发展；② 交通服务水平逐年下降，交通拥挤区域扩大；③ 道路空间资源分配不合理，道路运输能力降低；④ 常规公交运营效率及服务水平低下，缺乏竞争力；⑤ 交通枢纽作用薄弱。为此，深圳市通过建设地铁11号快速线，如图2.2所示，连接起福田区中心与沙井区，全长51.25 km，该线不仅是缓解城市交通拥挤，提升城市区域环境品质的需要，而且是提升深圳在珠三角城市群中心地位，实现城市交通发展战略目标的需要。

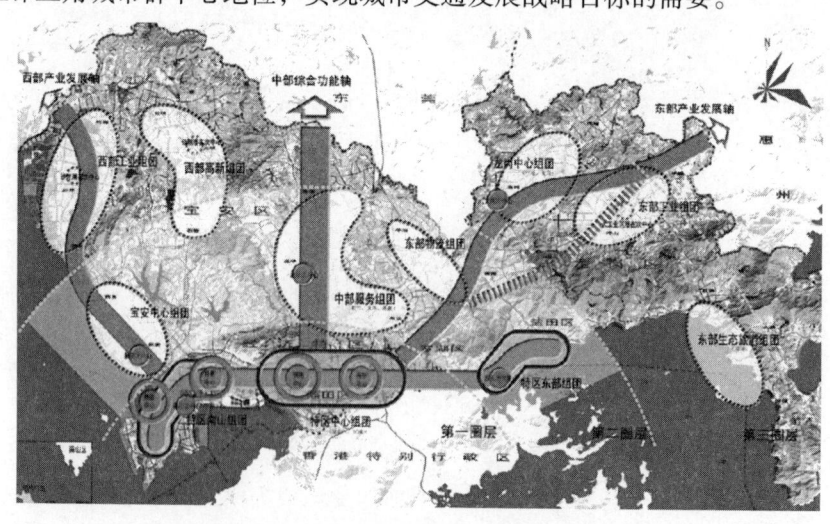

图2.1 深圳市现状城市空间布局结构

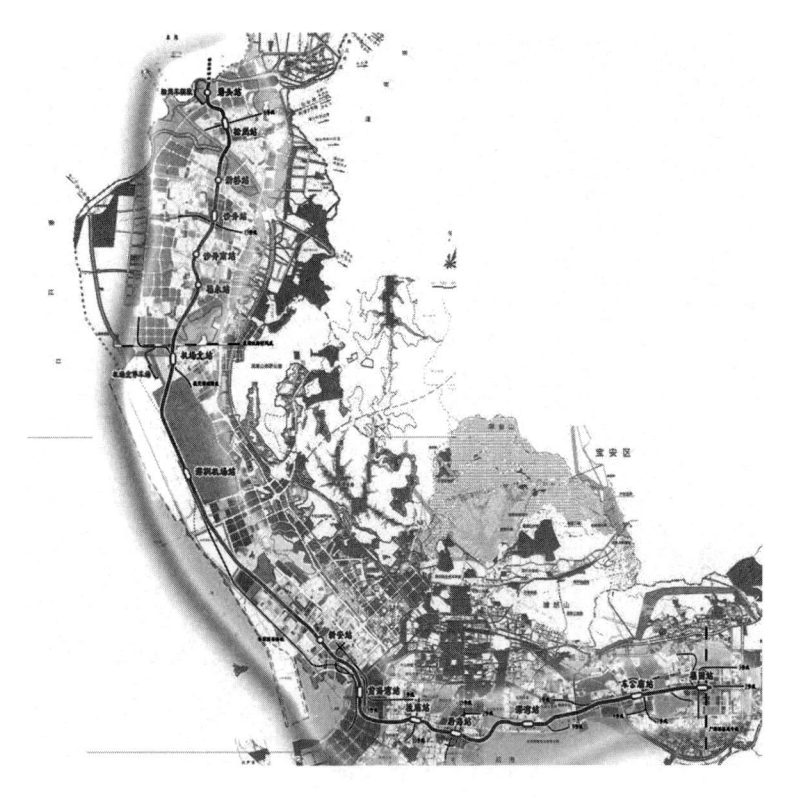

图 2.2 深圳地铁 11 号线规划图

车公庙位于深圳特区城市发展带和中部综合功能轴交汇点的西侧,是福田中心区和后海总部基地之间的次一级办公、商贸中心,是福田区未来重要的城市增长点,中、西北部进入深圳中心区的门户地区(见图 2.3)。11 号线车公庙地铁站位于深南大道与香蜜湖立交桥交叉口西侧,与既有 1 号线、规划 7 号线、9 号线于香蜜湖立交桥西南角形成换乘枢纽,是以城市轨道换乘为主,以常规公交接驳为辅,少量兼顾出租、社会车辆接驳的客运综合交通枢纽,是福田中心与东、西部地区交通联系的重要换乘节点,是服务深圳福田中心次一级的综合交通枢纽。

然而,车公庙交通枢纽周边既有构筑物有深南大道路中的既有 1 号线车站、深南大道两侧的丰盛町地下商业街、南侧的凤塘河、香蜜湖立交及其东侧 110 kV 的电缆管沟,其中 1 号线为地下 2 层 10 m 岛单柱车站,站台中心覆土约 3.5 m,两端矿山法区间,锚杆长约 3 m;丰盛町为地下 2 层结构,基坑深约 12 m。同时,泰然工贸园厂房正纳入改造范围,枢纽设计

(a) 鸟瞰图

(b) 三维图

图 2.3 车公庙站站址环境

考虑与其地下空间连通（见图 2.4）。

车公庙交通枢纽以轨道交通接驳换乘为主导，重点解决好轨道交通之间的换乘；工程规模大，深南大道及香蜜湖立交均为城市主干道，施工期间对道路交通影响大，交通疏解难度大，应结合交通疏解需要考虑结构工法；所处位置周边地下建筑敏感，建设难度高，应加强保护措施；一旦工程施工产生的变形和沉降超过一定范围时，引起一系列的岩土环境问题，必将严重危及邻近既有建（构）筑物和设施的安全，造成不可忽视的损伤[4]。因此，开展新建地下结构物对紧邻既有地下结构体的稳定性影响分析，揭示其变形规律与破坏机制，提出有效和合理的既有地下结构体在新建地下结构施工期间的变形控制措施，以此保障既有地下结构自身稳定和

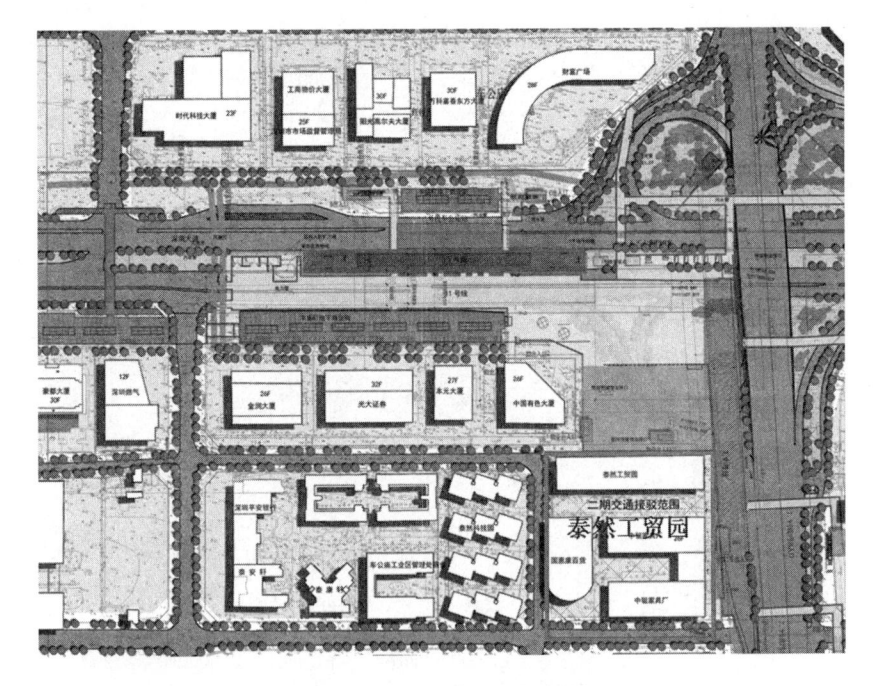

图 2.4 车公庙车站周边环境

正常安全运营，显得至关重要[8,9]。

车公庙交通枢纽位于深南大道与香蜜湖立交桥交叉口处，是集地铁既有 1 号线、规划 7 号线、9 号线、11 号线的四线换乘车站。其中，1 号线沿深南大道敷设，11 号线平行 1 号线敷设；7 号线由安托山、农园向南经香蜜湖路再向东转入福强路；9 号线由红荔路向南经香蜜湖路再向西转入滨河大道，在香蜜湖路段与 7 号线线路平行敷设（见图 2.5）。

地面以上，车公庙交通枢纽周边环境主要是深南大道道路（红线宽 135 m，为双向 10 车道，路中绿化带宽 16 m）和香蜜湖立交（3 幅共 9 车道，桥下跨深南路段为桩基础，其余为路基段）（见图 2.6）。

地面以下，车公庙交通枢纽周边主要紧邻深南大道路中的既有 1 号线车站、深南大道两侧的丰盛町地下商业街、南侧的凤塘河、香蜜湖立交及其东侧 110 kV 的电缆管沟，其地下空间与泰然工贸园厂房连通。其中，11 号线车公庙地铁车站紧邻既有 1 号线地铁车站（地下 2 层 10 m 岛单柱车站，站台中心覆土约 3.5 m）和丰盛町地下商业街（地下 2 层结构，基坑深约 12 m），为该枢纽建设的难点和重点（见图 2.7）。

图 2.5 车公庙交通枢纽布置图

图 2.6 地面交通环境

通过开展车公庙交通枢纽客流预测分析可知，该交通枢纽以承接 1、7、9、11 号线四条地铁线路的换乘客流为主，其中，1 号线占 64%，7 号线占 73%，9 号线占 78%，11 号线占 52%；换乘客流中 1、11 号线之间及 7、9 号线之间交换量较少，主要以 7、9 号线与 1、11 号线车站之间的换乘为主（见图 2.8）。

图 2.7 地下周边环境

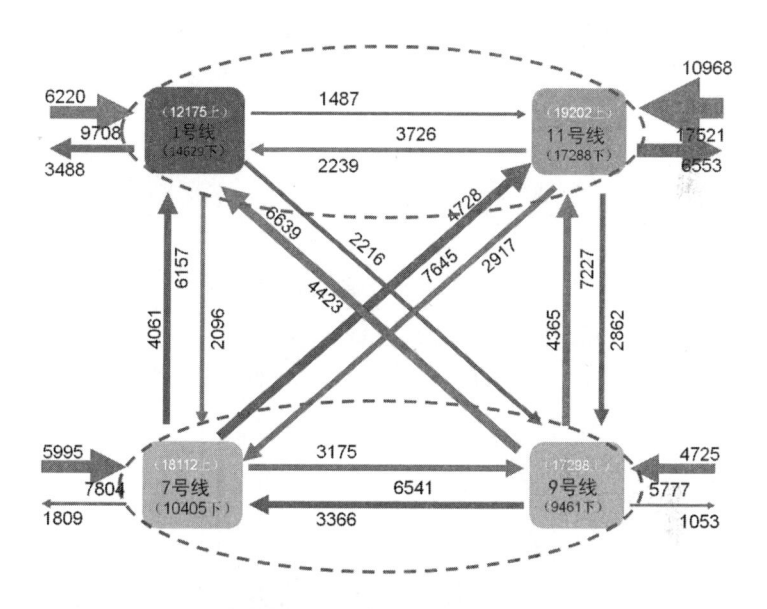

图 2.8 客流预测 [各线客流组成（人次/小时）]

由于 7、9 号线平行敷设，根据 7、9 号线的换乘客流，各个方向相差不多，结合深圳市东西狭长的地理布局及 7、9 号线的线路走向，确定 7、9 号线实现"东—东、西—西"方向的平行同台布局（见图 2.9、图 2.10）。

在工程施工建设方面，车公庙交通枢纽具有工程规模大，施工期间对道路交通影响大，所处位置周边地下建筑敏感，建设难度高等难点。其中，11 号线地铁车站紧邻既有 1 号线地铁车站和丰盛町商业街，车站深基坑建设对两侧既有构筑物的影响是施工的难点、高风险点。图 2.11 给出了新建车公庙车站与既有地下结构之间的位置关系。

13

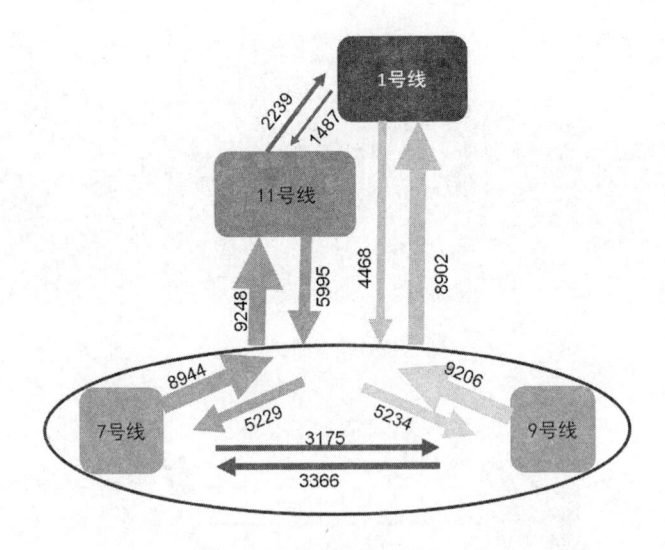

图 2.9 远期各线晚高峰换乘客流量（人次/小时）

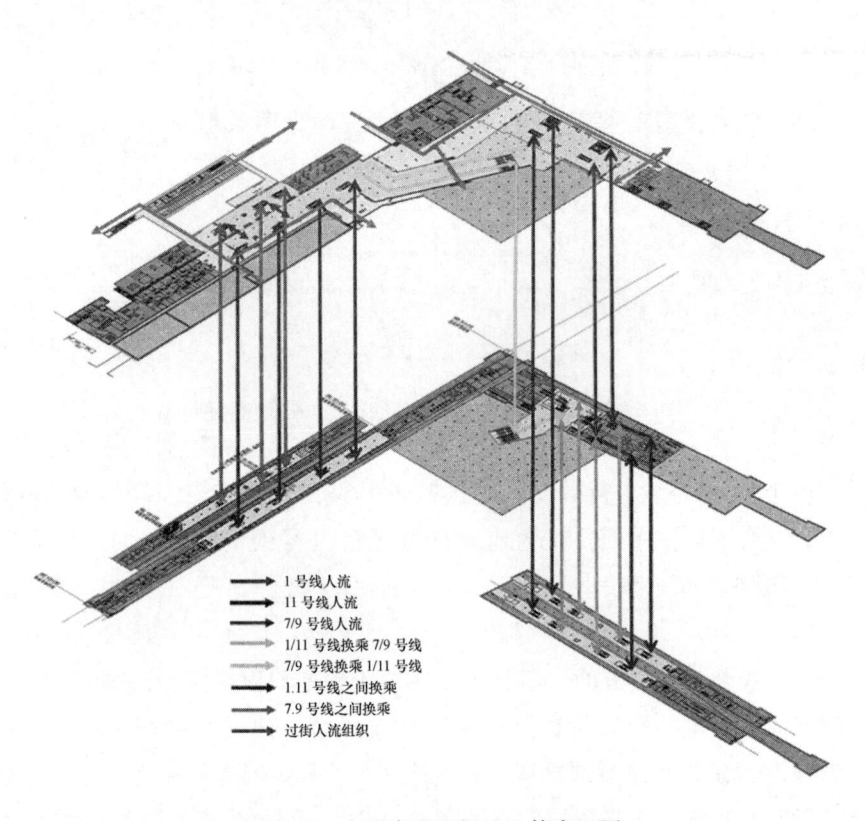

图 2.10 车公庙交通枢纽立体布置图

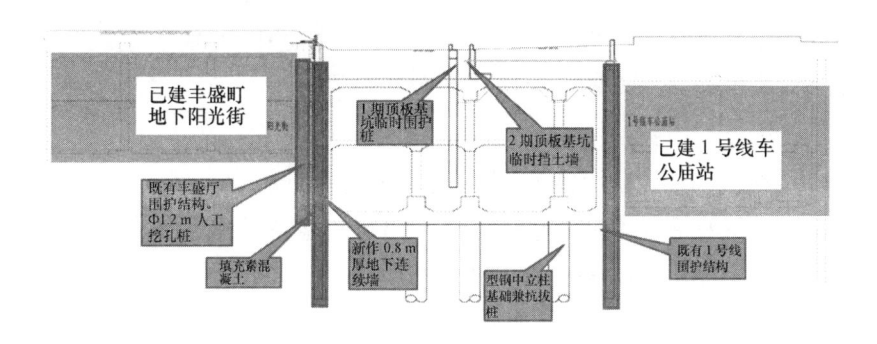

图 2.11　新建车公庙车站地下结构形式

2.2　工程地质及水文地质概况

2.2.1　地理位置及地形地貌

深圳市地处广东省南部沿海，东邻大鹏湾，西连珠江口，南与香港接壤，北靠东莞、惠州。深圳地域呈东西宽，南北窄的狭长地形，地势总体东北高、西南低。11 号线起点位于福田中心区深南大道北侧，与 2、3 号线、广深港客运专线换乘。线路沿深南大道引出，于既有 1 号线竹子林站北侧设本线竹子林站，与 1、7 号线换乘。出站后线路下穿 1 号线竹子林车辆段，沿白石路斜穿欢乐海岸地块至白石四道，在规划"总部基地"内、深湾二路路口设深圳湾站与 9 号线换乘。线路沿白石四道从红树西岸花园北侧绕过，斜穿沙河西高尔夫球场和深圳湾进入海德三道，沿海德三道从南海大道路口东南侧公园下转入桂庙路，穿过平南铁路后转向北方。于后海滨路和海德三道交叉口东侧设南山站，与 2 号线、规划 15 号线换乘；在前海湾规划区内与 1、5 号线和港深西部快线平行走行，设前海湾站换乘枢纽。出站后线路转向西北，穿过宝安中心区后，沿创业路进入深圳机场内，于罗田路路口设新安站；于在建新航站楼地下设深圳机场站。出站后线路于地下穿出机场，转入宝安大道高架，在广深高速路之前，线路入地向北走行至本线终点东宝河站，并预留了线路将来向北延伸至东莞的条件。沿途分别于福海大道交叉口南侧设机场北站，与 1、10 号线和厦深西延铁路换乘；于凤塘大道交叉口北侧设福

15

永站；于新沙路交叉口北侧设沙井中心站，与规划13号线换乘；于沙江路交叉口设松岗站，与穗莞深城际线和6号线换乘。于沙公大道路口北侧设本线终点站碧头站。

11号线沿线地势起伏多变，线路主要穿越以下地貌单元：

（1）冲积平原区（局部为台地）：共3段，里程分别为YAK0+000～YAK6+300、YAK13+200～YAK14+700、YAK34+700～YAK51+200及松岗车辆段、机场北停车场。地形较为平坦。

（2）滨海区：共2段，里程分别为YAK6+300～YAK13+200、YAK14+700～YAK34+700。沿线多数地段楼宇众多、人口稠密、交通繁忙。

2.2.2　工程地质情况

深圳地铁11号线沿线所遇地层岩性，表层为第四系全新统人工填筑土（Q_4^{ml}），按原始地形地貌特点，原始地貌冲积平原区（局部为低台地），主要分布第四系冲洪积、坡（洪）积、残积黏性土层，局部沟槽中分布有淤泥质黏土、砂土；海积区则主要分布有海积成因淤泥、砂土以及残积黏性土，海陆混合相（Q_d^{mal}）地段分布淤泥、黏土、砂层；下伏基岩为震旦系（P_{zl}）花岗片麻岩、加里东期（M_γ）混合花岗岩以及燕山期［$\gamma_5^{3(1)}$］粗粒花岗岩。

其中，车公庙车站为冲洪积平原及其间沟谷，上覆人工填土（Q^{ml}），第四系冲洪积（Q_4^{al+pl}）黏土、砾砂，残积砾（砂）质黏性土（Q_2^{el}）。下伏燕山晚期侵入地层（γ_5^3）全、强、中等风化粗粒花岗岩，上覆松散地层厚16.5 m。车站坑壁地层为人工填筑土、冲洪积黏性土及砂层，残积土；基底为残积土。然而，人工填土、软土（淤泥质土、淤泥）、松散砂土等具有低强度、高压缩变形的特征，不宜作为天然基础，且对工程边坡稳定性有危害。与此同时，该车站临近现有地铁车站或市政主干道，基岩面起伏较大，风化不均，发育风化球体（孤石），地下水位埋藏较浅，对基础抗浮有一定影响（见图2.12）。

2.2.3　水文地质情况

该线路穿越大量河流，其中对线路工程影响较大的河流有大沙河、双

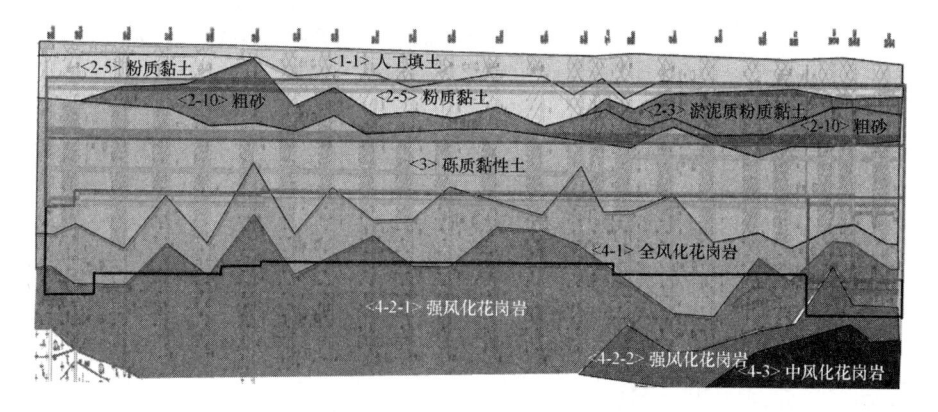

图 2.12　工程地质情况

界河、新圳河、西乡河、福永河、衙边涌、茅洲河、松岗河等众多河流（涌）。河流的主要流向为北东—南西向及南—北向，均流向西南—南海域。夏季水量丰富，为区域内地表水主要的排洪、排泄通道。线路穿越珠江口及深圳湾部分穿越浅海。海水的潮起潮落对地铁工程有较大的影响。同时，沿线地下水主要有两种类型：一是第四系地层中的孔隙潜水，主要赋存于冲洪积砾砂层和残积砾（砂）质黏土层中；另一类为基岩裂隙（构造裂隙）水，主要赋存于强、中等风化带及断裂构造裂隙中，略具承压性。

其中，车公庙车站的地表水不发育，地下水主要赋存于填土、砾砂层及强、中等风化岩中。地层渗透性为弱—中等，赋水性较好。稳定地下水标高 1.48～4.79 m。

综上所述，新建地铁车站——车公庙站的工程水文地质情况具有以下特点：

（1）基岩面起伏较大，发育风化球体（孤石），工程地质条件较差，场地为中等复杂。

（2）地下水外溢以渗水为主，局部为股状水流，基坑底部易形成积水。

（3）基础持力层不均一。

（4）与现有地铁车站和城市主干道临近，施工降排水对周边构筑物有一定影响。

2.3 基坑岩土问题及处理措施

2.3.1 填土层上层滞水的影响及防治

针对浅部杂填土遇雨季时存有一定的上层滞水，最高可基本与室外地坪持平，采用了隔水或降排水措施进行处理。

2.3.2 岩土体的软化

针对岩土体中风化泥质粉砂岩均属软质岩，具有遇水易软化，失水易干裂崩解特性，基坑在开挖后应尽量减少岩石暴露的时间，可在岩质基坑表面射一层素混凝土，以防止岩石风化影响基坑的稳定性。

2.3.3 基坑边坡变形

由于基坑围护范围内土层基本由中密状的砂砾石层组成，易发生塌滑，且地下水位较高，当土体原有应力状态发生变化后，墙后土体势必向基坑方向发生位移，而且变形历时较长。为控制基坑围护体系及墙后土体发生过大的水平及垂直向位移，在确保围护体的强度、足够入土深度的同时，采取内支撑的措施可确保基坑壁的稳定。当局部出现流砂、流土现象时，应采取相应的防护处理措施。

2.3.4 渗透变形

基坑施工过程中，由于坑内外水头差很大，地下水位以下的砾砂、圆砾层很容易发生流砂、管涌现象。可以采用在止水桩外侧布设降水井，从而降低基坑内外侧水头差。当部出现流砂、流土现象时，应采取相应的防护处理措施。

2.4 对周边环境的影响

车站基坑开挖时应加强对基坑位移、周边建筑物及构筑物的保护措施，以保证基坑的正常施工及对邻近建筑物不致产生过大的影响。监测项目应包括边坡土体顶部的水平位移，边坡土体顶部的垂直位移，围护结构的水平位移，围护结构的垂直位移，基坑周围地表沉降及地表裂缝，围护结构的裂缝，地下水位，周围建（构）筑物的沉降与裂缝，周围重要设施的变形与破损，基坑周围地面超载状况，基坑渗、漏水状况等。施工期间应对土、废泥浆、污水进行专门的处理。基坑开挖应分层开挖，严禁超挖，并注意基坑开挖的时空效应，严禁在基坑周边堆载物；渣土应及时外运，外运车辆应将渣土遮盖，避免对环境造成污染；对主干道交通车辆宜取适当的隔阻与避让措施。

3 基于现场实测方法的在建车站侧穿既有地下结构的变形规律研究

3.1 现场监测

深圳地铁11号线新建车公庙车站采用盖挖逆筑法施工，采用钻孔灌注桩作为基坑开挖的支护结构。基坑开挖的方式原则上采用机械开挖与人工开挖相结合，基坑设三道支撑，四次开挖至基坑底面。基坑开挖时应分层分段施工挖土，每层开挖厚度不宜超过3 m。由于新建车站深基坑紧邻既有1号线车公庙地铁车站和丰盛町地下商业街，车站基坑工程建设必然会影响既有地下结构的正常运营和安全。为此，施工中必须做好严格的监测管理工作，指导施工、确保安全。主要监测项目分为基坑支护体系监测和基坑周边环境监测，其中支护体系包括支撑轴力监测、围护结构测斜、冠梁沉降、桩顶水平位移等监测项目；周边环境监测包括地表沉降、管线沉降、建筑物沉降、土体测斜、地下水位等监测项目。由于该工程尚未完工，本书只针对盖挖逆筑法施工工艺对围护结构变形规律开展了空间效应分析，因此，只从定性角度研究基坑围护结构变形特征，为此，主要以水平位移、冠梁沉降和桩顶测斜监测项目为分析项目，其监测布置如图3.1所示。

3.1.1 监测目的

（1）将监测数据与预测值相比较，判断施工工艺和施工参数是否符合预期要求，以确定和优化下一步施工参数，做好信息化施工。

（2）将现场量测结果用于信息反馈并优化设计，使设计达到安全、经济合理、施工快捷的目的。

（3）将现场量测结果与理论预测值相比较，用反分析法导出更接近实际的理论公式，用以指导其他工程。

(a) 平面图

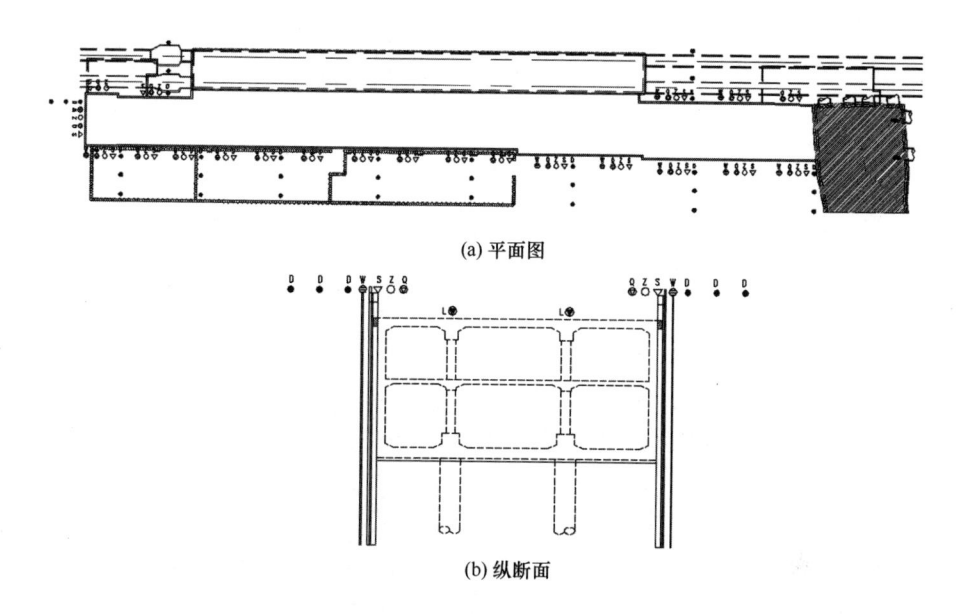

(b) 纵断面

图 3.1　监测项目布置

3.1.2　监测频率及控制标准

监测频率为开挖及支护阶段各测点每天测一次，测量值趋于稳定或主体结构混凝土施工每周测一次，主体结构达到设计强度后可停止测量。

变形控制标准为桩顶最大水平位移小于 40 mm，速率小于 3 mm/d；桩顶及地表沉降小于 30 mm，速率小于 3 mm/d；自来水管沉降或水平位移小于 30 mm，速率小于 3 mm/d；基坑开挖引起坑外水位下降小于 1 000 mm，速率小于 500 mm/d；桩内力及支撑轴力小于设计值的 80%。

3.1.3　监测数据处理及反馈

（1）测量数据须进行整理，绘制出直观的表格，计算出排桩及支撑内力，并绘制内力及变形曲线。

（2）及时绘制表格及曲线，如有异常变化应及时采取措施，调整支护参数，消除施工隐患。

（3）根据测得的数据进行回归分析，建立回归方程。

（4）整理量测数据及表格、曲线，与设计预测进行比较，积累设计、施工经验。

21

3.2 基于现场实测数据分析的深基坑围护结构变形规律

为有效地揭示盖挖逆筑法施工工艺对基坑围护结构变形规律的影响，本文针对基坑11个典型监测点的监测数据进行了深入分析，揭示了地铁车站围护结构变形规律及灾变机理，为理论分析和室内试验奠定了论证依据。其中，11个典型监测点如图3.2所示。

图 3.2 典型监测点

3.2.1 水平位移分析

图3.3给出了基坑围护桩水平位移随时间的变形曲线，其中定义向基坑内侧位移为负，向基坑外侧位移为正。由图可知：① 随着时间的增加，基坑围护桩水平位移曲线逐渐达到最大值；且基坑两侧围护桩水平位移变形曲线各自变形趋势基本一致。② 基坑东侧围护桩水平位移变形量相对西侧围护桩水平位移变形量小。这是由于在基坑西侧地面处有泰然工贸园和中铤家具厂两个地面建筑，而基坑东侧为香蜜湖立交桥，基坑两侧地面建筑对基坑围护桩作用力不同，从而造成其水平位移量存在差距。③ 随着基坑横向支撑的施加，其水平变形曲线出现波浪形曲折波动，当横向支撑施

做后，其变形量减小，但当继续开挖后，水平变形量继续增加，直至基坑进行下一次横向支撑。综上所述，基坑开挖采用盖挖逆筑法，能够有效减小围护结构的水平位移变形量，变形量大小受到基坑相邻既有构筑物的影响，同时，基坑开挖也对既有构筑物产生作用。

(a) 基坑东侧围护桩监测点水平位移

(b) 基坑西侧围护桩监测点水平位移

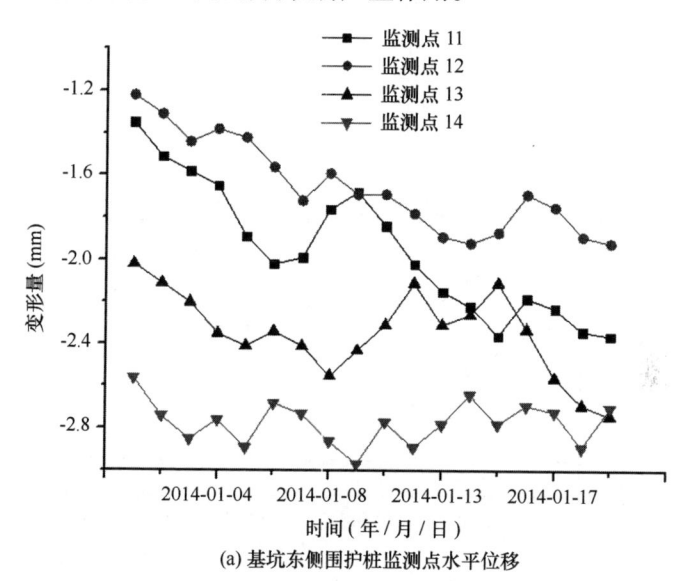

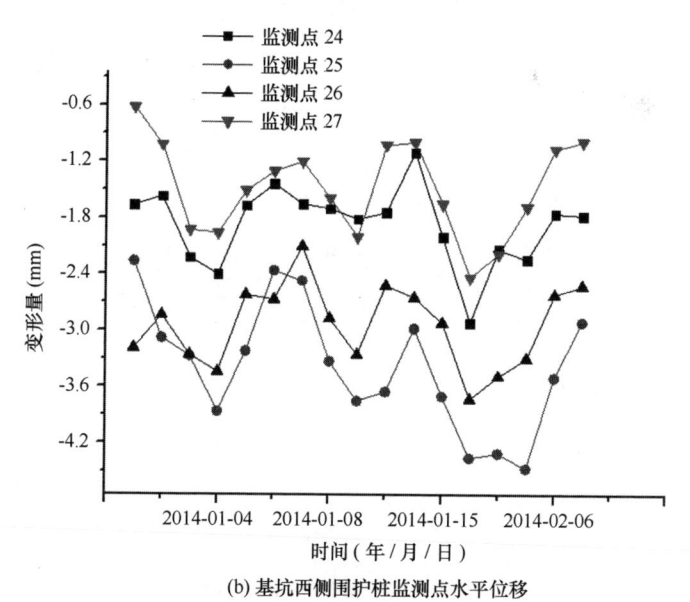

图 3.3 基坑围护桩水平位移

23

3.2.2 沉降变形分析

图 3.4、图 3.5 分别给出了基坑围护桩沉降位移随时间增长的变形曲线和速率曲线。由图可知：① 随着时间的增加，基坑围护桩沉降位移曲线

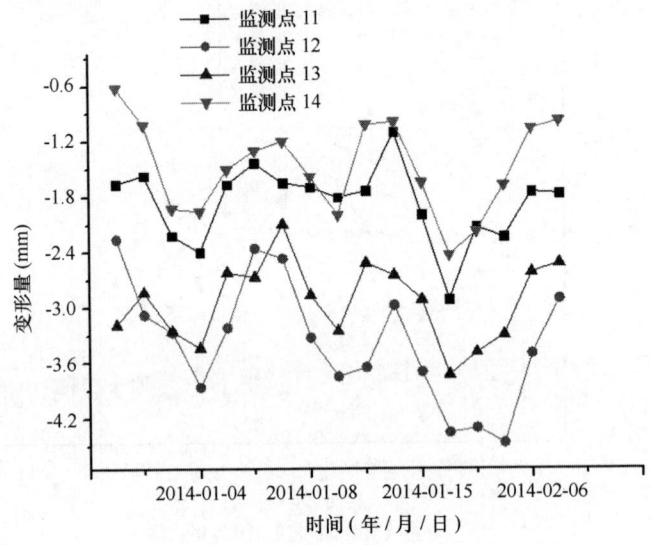

(a) 基坑东侧围护桩监测点沉降变形

(b) 基坑西侧围护桩监测点沉降变形

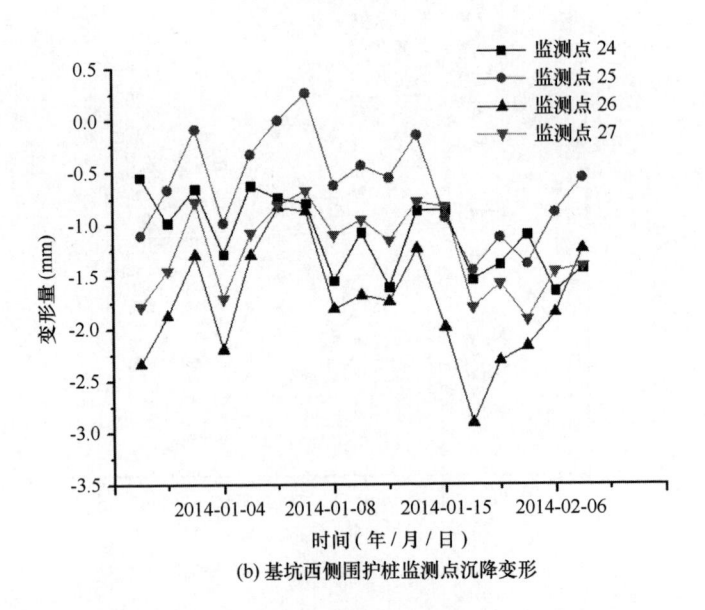

图 3.4 基坑围护桩沉降变形

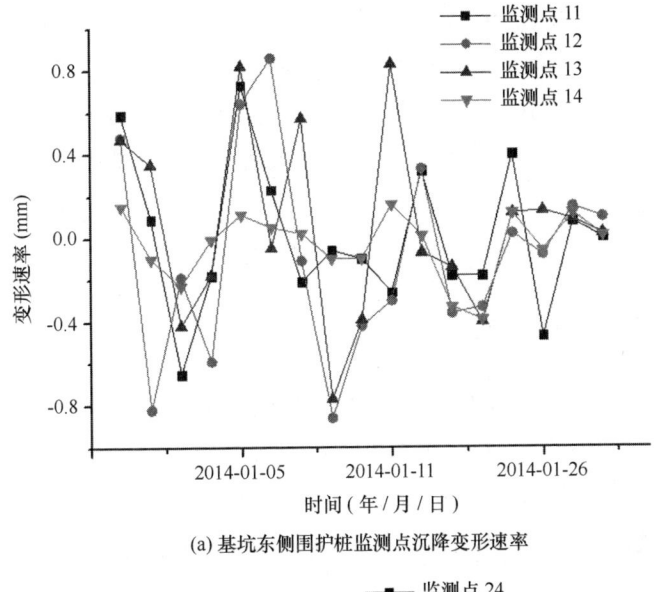

(a) 基坑东侧围护桩监测点沉降变形速率

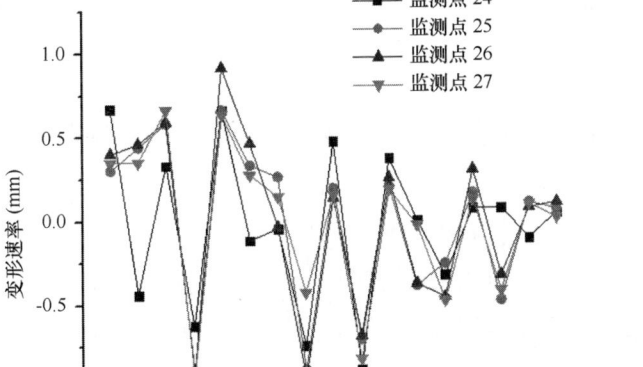

(b) 基坑西侧围护桩监测点沉降变形速率

图 3.5 基坑围护桩沉降变形速率

逐渐达到最大值，而基坑围护桩沉降位移变形速率曲线逐渐趋于稳定；同时，基坑两侧围护桩沉降位移变形曲线和变形速率曲线各自趋势基本一致。② 随着基坑横向支撑的施加，其沉降变形曲线出现波浪形曲折波动，当横向支撑施做后，其变形量减小，但当继续开挖后，沉降变形量继续增加，直至基坑进行下一次横向支撑。与此同时，基坑围护桩沉降变形速率曲线也随着横向支撑的施加而改变，当横向支撑施加后，由于横向支撑作用，使沉降变形减小，从而导致沉降速率变为正；当基坑继续开挖时，沉降增加，导致沉降速率变为负。③ 随着横向支撑的施加，基坑围护桩沉降变形速率逐渐减小，最终接近 0 值。这是由于横向支撑的完成不仅能够减小基坑围护桩水平变形，而且能够有效减小其沉降变形。

3.2.3　倾斜变形分析

图 3.6 给出了基坑围护桩倾斜变形曲线，其中定义向基坑内侧位移为正，向基坑外侧位移为负。由图可知：① 基坑围护桩倾斜变形量随着时间的增加而增大。同时，倾斜变形曲线随着深度的增加而增大，当达到某一深度时，其变形量逐渐减小。② 随着基坑横向支撑的施加，基坑围护桩向基坑内倾斜的趋势逐渐减小。以基坑东西两侧监测点 13 和 27 为例，当基坑开挖到地面以下 2 m 处，完成第一道钢筋混凝土支撑时，监测点 13 的围护桩倾斜量最大值为 -1.64 mm，监测点 27 的围护桩倾斜量最大值为 4.89 mm；当基坑开挖到地面以下 8.2 m 处，完成第二道钢筋混凝土支撑时，监测点 13 的围护桩倾斜量最大值为 2.87 mm，监测点 27 的围护桩倾斜量最大值为 6.64 mm；当基坑开挖到地面以下 12.8 m 处，完成第三道钢筋混凝土支撑时，监测点 13 的围护桩倾斜量最大值为 3.04 mm，监测点 27 的围护桩倾斜量最大值为 4.54 mm；当基坑开挖到地面以下 16.4 m 处，完成基坑底部支撑时，监测点 13 的围护桩倾斜量最大值为 1.67 mm，监测点 27 的围护桩倾斜量最大值为 3.76 mm。综上所述，基坑在开挖与支护两种工艺相互交替完成的过程中，基坑两侧围护桩均向基坑内倾斜，且基坑开挖阶段倾斜变化量比支护阶段倾斜变化量大，其中倾斜变化量最大值位于基坑 1/3 深度处。

(a) 围护桩监测点 11 倾斜变形曲线

(b) 围护桩监测点 12 倾斜变形曲线

(c) 围护桩监测点 13 倾斜变形曲线

(d) 围护桩监测点 25 倾斜变形曲线

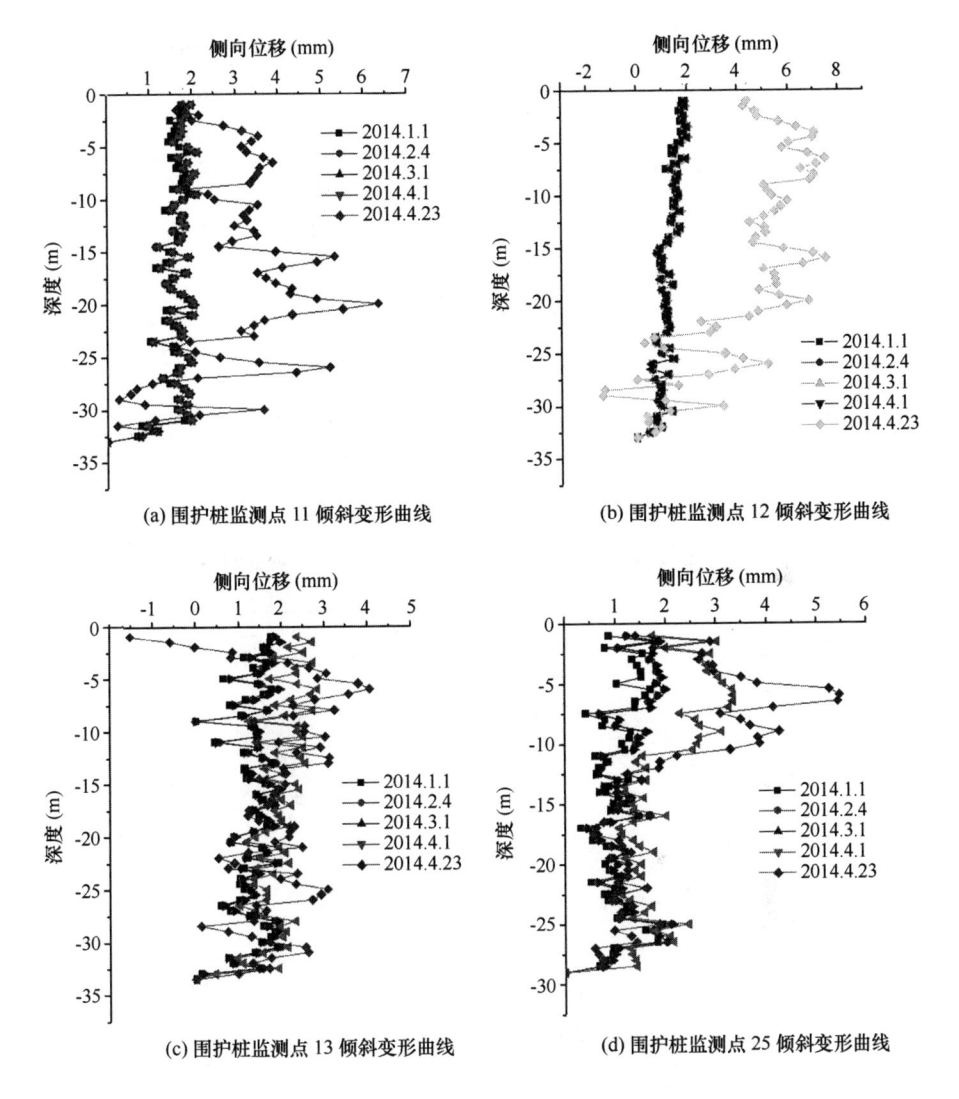

图 3.6　基坑围护桩倾斜变形曲线（1）

(e) 围护桩监测点 26 倾斜变形曲线

(f) 围护桩监测点 27 倾斜变形曲线

(g) 围护桩监测点 64 倾斜变形曲线

(h) 围护桩监测点 65 倾斜变形曲线

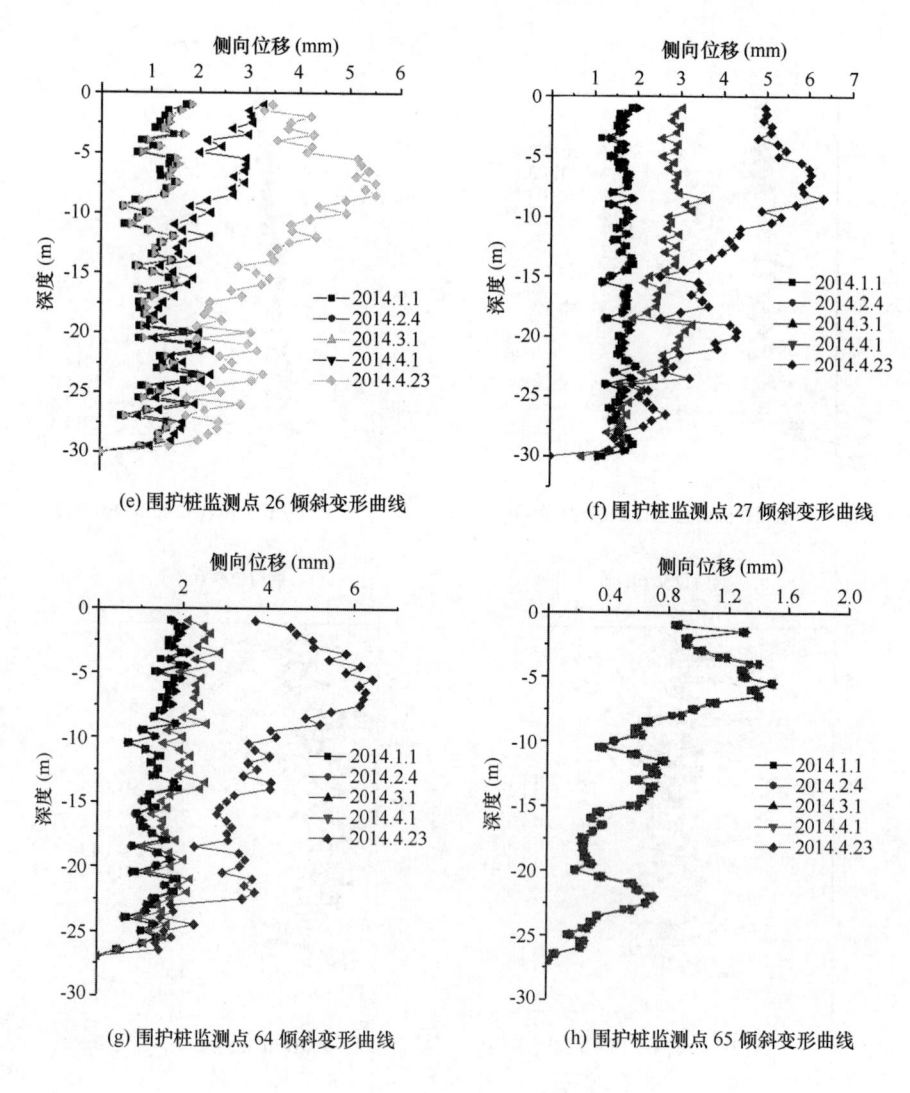

图 3.6 基坑围护桩倾斜变形曲线（2）

(i) 围护桩监测点 66 倾斜变形曲线

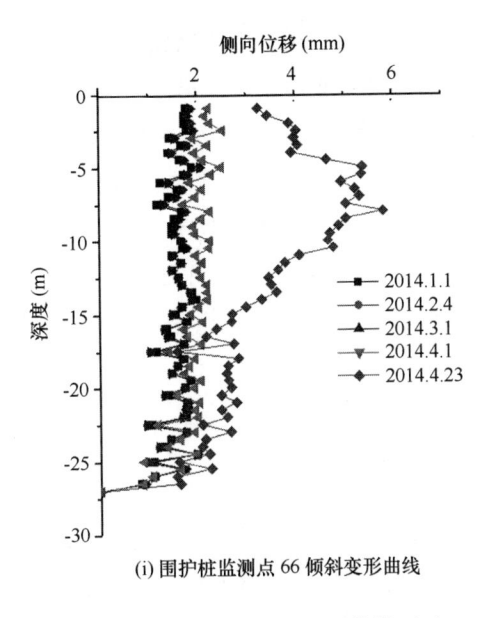

图 3.6 基坑围护桩倾斜变形曲线（3）

3.2.4 紧邻既有地下结构沉降变形分析

图 3.7 给出了丰盛町地下商业街沉降监测点布置图。通过监测新建地

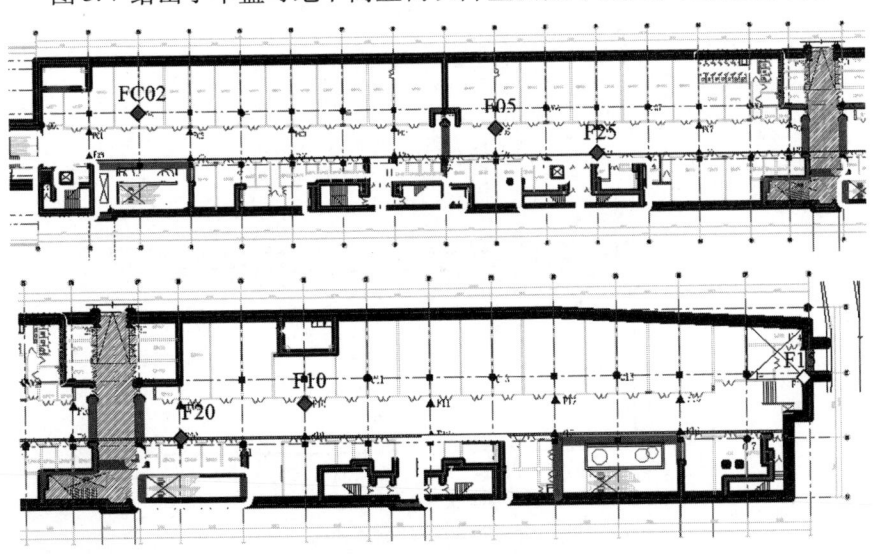

图 3.7 丰盛町商业街沉降监测点布置图

29

铁车站毗邻地下结构沉降变形,分析新建地铁车站基坑变形规律。图3.8给出了丰盛町地下商业街沉降变形曲线。由图可知:① 监测点沉降变形量随着时间的增加而增大,最大沉降变形量为6.3 mm,位于FD20监测点处,监测值未超过预警值。② 监测点沉降变形速率随着时间的增加而增大,最大沉降变形速率为0.13 mm/d,位于FD19监测点处。③ 基坑开挖和支护均对丰盛町沉降产生影响,当基坑开挖时,丰盛町沉降变形量增大,变形速率提高;而当基坑支护时,丰盛町沉降变形量减小,变形速率

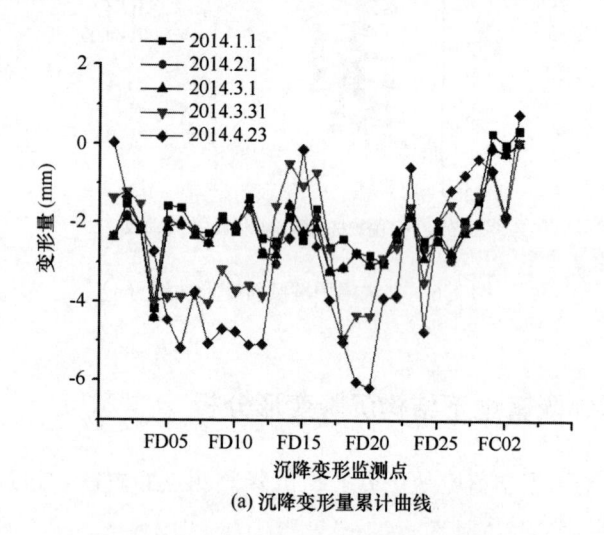

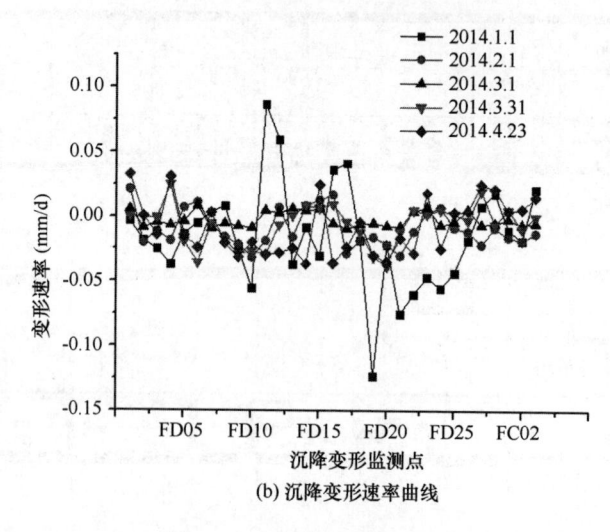

(a) 沉降变形量累计曲线

(b) 沉降变形速率曲线

图3.8 丰盛町沉降变形曲线

降低。综上所述，新建地铁车站深基坑工程的建设，采用盖挖逆筑法，能够将对毗邻地下结构变形的影响程度降低，随着钢筋混凝土支护体的形成，毗邻地下结构的变形速率将会降低，且整个基坑建设过程中的变形量均满足控制标准。

3.3 小结

针对盖挖逆筑法施工工艺对围护结构变形规律，通过现场监测围护结构水平位移、冠梁沉降和桩顶测斜等项目，定性地揭示了新建地铁枢纽深基坑工程对于周边既有地下结构的影响与自身的稳定，主要研究结论如下：

（1）围护结构桩水平位移变形规律。

随着在建地铁车站施工进程的逐步完成，深基坑围护桩水平位移曲线逐渐达到最大值，且基坑两侧围护桩水平位移变形曲线各自变形趋势基本一致。与此同时，深基坑建设期间横向支撑体系对于减小围护结构水平位移变形也起着重要作用。

（2）围护结构倾斜变形规律。

在基坑开挖初期尚未架设支撑时，围护桩处于悬臂状态，桩体均表现为桩顶位移最大，向基坑方向倾斜变形，呈三角分布，随着基坑开挖深度的增加以及架设支撑预加应力后，桩体水平位移均表现为桩顶位移变化极小或复位，甚至向土体方向位移，桩体腹部向基坑内突出，形成"鼓肚现象"，这符合工程经验，其中倾斜变化量最大值位于基坑1/3深度处。

（3）毗邻地下结构沉降变形规律。

丰盛町地下商业街在新建地铁车站施工期间，其结构沉降变形量随着地铁车站施工进程的开展而增大。与此同时，深基坑开挖和支护均对丰盛町沉降产生影响，当基坑开挖时，丰盛町沉降变形量增大，变形速率提高；而当基坑支护时，丰盛町沉降变形量减小，变形速率降低。

4 基于数值计算方法的在建车站侧穿既有地下结构的变形规律研究

掌握新建地下交通枢纽大深基坑对紧邻既有地下结构的变形规律是进行深基坑结构设计和既有结构安全评价的基础，具有很重要的现实意义。对于深基坑开挖支护稳定性分析，通常采用数值计算分析方法，它能够快速准确地揭示各种结构体的变形规律[58]。目前应用于地下工程数值计算分析方法主要有有限差分法（FDM）、有限元法（FEM）、边界元法（BEM）、无界元法（IEM）、离散元法（DEM）等[59-62]。

本文采用PLAXIS 2D有限元分析软件，依托深圳市新建地铁11号线车公庙交通枢纽大型深基坑对紧邻既有地铁1号线车站和丰盛町地下商业街的建设工程，基于有限元数值分析，研究了明挖顺筑法和暗挖逆筑法两种深基坑施工工艺所引起的既有地下结构变形规律，揭示了其破坏模式。

4.1 PLAXIS有限元分析软件

PLAXIS 2D/3D程序是由荷兰PLAXIS B.V.公司推出的一系列功能强大的通用岩土有限元计算软件，现在已广泛应用于各种复杂岩土工程项目的有限元分析中，如：大型基坑与周边环境相互影响、盾构隧道施工与周边既有建筑物相互作用、大型桩筏基础（桥桩基础）与邻近基坑的相互影响、板桩码头应力变形分析、水库水位骤升骤降对坝体稳定性的影响、软土地基固结排水分析、基坑降水渗流分析及完全流固耦合分析、建筑物自由振动及地震荷载作用下的动力分析、边坡开挖及加固后稳定性分析等。PLAXIS系列程序以其专业、高效、强大、稳定等特点得到世界各地岩土工程专业人员的广泛认可，日渐成为其日常工作中不可或缺的数值分析工具。尤其在欧洲、新加坡、马来西亚、香港等地应用广泛，PALXIS 2D甚至用于常规的二维设计计算中[63]。

4.1.1 前处理功能

PLAXIS 系列程序界面友好，操作便捷。PLAXIS 程序的［输入］程序界面下包括土层、结构、网格、水位、分步施工五个标签，整个建模计算过程按此分析流程依次进行即可。PLAXIS 程序具有交互式图形界面，其土层数据、结构、施工阶段、荷载和边界条件等都是在类似 CAD 绘图环境的操作界面中输入，支持 DXF、DWG、3DS 及地形图的导入，有曲线生成器可建立曲线，有多种工具可以进行交叉、合并、平移、分类框选、旋转、阵列等操作以建立复杂几何模型。PLAXIS 可以自动生成非结构化有限元网格，2D 中土体采用 15 节点三角形单元，3D 中土体采用 10 节点四面体单元模拟。模型中可使用的结构单元包括板、梁、锚杆、土工格栅以及 PLAXIS 特有的 Embedded 桩单元，既可直接在模型中像绘制 CAD 图形一样画出，也可在命令行通过输入命令建立。土与结构相互作用采用界面单元模拟，比如板单元与土体之间的相互作用，建立板之后，可通过右键菜单一键生成接触界面。再比如渗流边界条件，可指定常水头、时间相关变化水头，既可在模型中直接绘制水位面，也可通过数据表格、水头变化函数等指定渗流边界条件[63]。

4.1.2 计算分析功能

（1）计算功能强大，适用范围广。PLAXIS 2D/3D 共包括三个模块，即主模块、渗流模块、动力模块，可进行塑性、安全性、固结、渗流、流固耦合、动力等各种分析。可对常规岩土工程问题（变形、强度）如地基、基础、开挖、支护、加载等进行塑性分析，可对涉及超孔压增长与消散的问题进行固结分析，可对涉及水位变化的问题进行渗流（稳态、瞬态）计算以及完全流固耦合分析，可对涉及动力荷载、地震作用的问题进行动力分析，可对涉及稳定性（安全系数）的问题进行安全性分析。从工程类型角度来看，可对基坑、地基基础、边坡、隧道、码头、水库坝体等工程进行分析。另外，PLAXIS 程序还有专门的子程序用于模拟常规土工试验并可进行模型参数优化（土工试验室程序）。

（2）运算稳定，结果可靠。PLAXIS 公司加入了 NAFEMS（一个旨在促进各类工程问题的有限元方法应用的非盈利性组织），PLAXIS 研发团队始终与世界各地的岩土力学与数值方法研究人员保持密切联系，以使 PLAXIS 程序能够采用最先进的专业理论与技术，在业界保持高技术标准。众所周知，本构模型是一个岩土有限元软件的灵魂，PLAXIS 程序率先引入了土体硬化模型（HS）和小应变土体硬化模型（HSS）这两个高级本构模型，能够考虑土体刚度随应力状态的变化，其典型应用如基坑开挖支护模拟，对于坑底回弹和地表沉降槽以及支护结构的变形和内力等的计算结果，经过与众多工程实例监测数据的对比，已经得到世界范围内的广泛认可，成为开挖类有限元计算的首选本构，使广大工程师摆脱了使用莫尔—库仑等初级本构难以考虑土体变刚度特性、甚至得到基坑连同地表整体上抬的计算结果的困扰。

4.1.3 后处理功能

PLAXIS 程序具有强大的后处理功能，能够输出结果等值线、彩色云图、等值面及矢量分布图，输出结构单元的内力，直接输出实体单元内力，输出各阶段孔压变化，在输出视图上添加注释，绘制监测点变化曲线（曲线管理器），自动生成计算结果报告和动画，在计算过程中能够预览计算结果以便及时检查和修正模型。

4.1.4 土体硬化模型（HS）

不同于理想弹塑性模型，硬化塑性模型的屈服面在主应力空间中不是固定的，而是由于塑性应变的发生而膨胀。硬化可以分为两种主要的类型，它们分别是剪切硬化和压缩硬化。剪切硬化用于模拟主偏量加载带来的不可逆应变。压缩硬化用于模拟固结仪加载和各向同性加载中主压缩带来的不可逆塑性应变。这两种类型的硬化都包含在当前的模型之中。

Hardening‐Soil 模型是一个可以模拟包括软土和硬土在内的不同类型土体行为的先进模型（Schanz，1998）。在主偏量加载下，土体的刚度下降，同时产生了不可逆的塑性应变。在一个排水三轴试验的特殊情况下，观察到轴向向应变与偏差应力之间的关系可以很好地由双曲线来逼近。Kondner（1963）最初阐述了这种关系，后来这种关系用在了著名的双曲线模型[61]中。Hardening – Soil 模型目前已经取代了这种双曲模型。首先，它使用的是塑性理论，而不是弹性理论；其次它考虑了土体的剪胀性；再次，它引入了一个屈服帽盖。模型的一些基本特征如下：

(1) 刚度依据某个幂率的应力相关性。输入参数 m；

(2) 主偏量加载引起的塑性应变。输入参数 E_{50}^{ref}；

(3) 主压缩引起的塑性应变。输入参数 E_{oed}^{ref}；

(4) 弹性卸载/重加载。输入参数 E_{ur}^{ref}，v_{ur}；

(5) 依据 Mohr – Coulomb 模型的破坏模式。输入参数 c，ϕ，ψ。

当前 Hardening – Soil 模型的一个基本特征是土体刚度是应力相关的。比如当应力和应变是在固结仪条件下时，模型隐含的关系是 $E_{oed} = E_{oed}^{ref}(\sigma/p^{ref})^m$。在软土这一特殊情况下，使用 $m = 1$ 是现实的。这时，软土模型中所用修正压缩指数 λ^* 和固结仪加载模量之间存在如下简单关系：

$$E_{oed}^{ref} = \frac{p^{ref}}{\lambda^*} \qquad \lambda^* = \frac{\lambda}{(1-e_0)}$$

在这里 p^{ref} 是参考压力。这里我们考虑某个特定参考压力 p^{ref} 下的切线固结模量。因此，主加载刚度与修正压缩指数 λ^* 有关。类似的，卸载/再加载模量也与修正膨胀指标 κ^* 有关，其近似关系如下：

$$E_{ur}^{ref} = \frac{3p^{ref}(1-2v_{ur})}{\kappa^*} \qquad \kappa^* = \frac{\kappa}{(1+e_0)}$$

同样，这个关系也与输入值 $m = 1$ 联合使用。

4.2 数值计算模型

4.2.1 基本假定与计算范围

新建车公庙地铁车站平面型式为"L"形，其中平行于深南大道的车站基坑侧穿既有地下结构，它主体结构基坑长约 346 m，标准段宽约 26.2 m，开挖深度约 16.8 m，基坑底多为砾质黏性土。为充分利用地下空间，11 号线紧贴 1 号线围护结构设置，并利用 1 号线围护桩。本站南侧丰盛町既有的围护结构深度不够，无法利用，需重新施工围护结构。为减小围护结构施工和施工期间的塌孔对既有地下结构的影响，围护结构推荐采用钻孔灌注桩+桩间旋喷桩止水+内支撑方案。钻孔桩为跳桩施工，可避免同时出现大范围的塌孔。11号线车站基坑与1号线矿山法区间平行段，为避免围护桩施工破坏1号线区间锚杆，该段围护桩拟采用人工挖孔桩。第一、二道内支撑采用刚度较大、稳定性较好的混凝土支撑，可有效控制围护结构位移，同时混凝土支撑的施工工序也能确保现场切实做到先撑后挖，如图4.1所示。

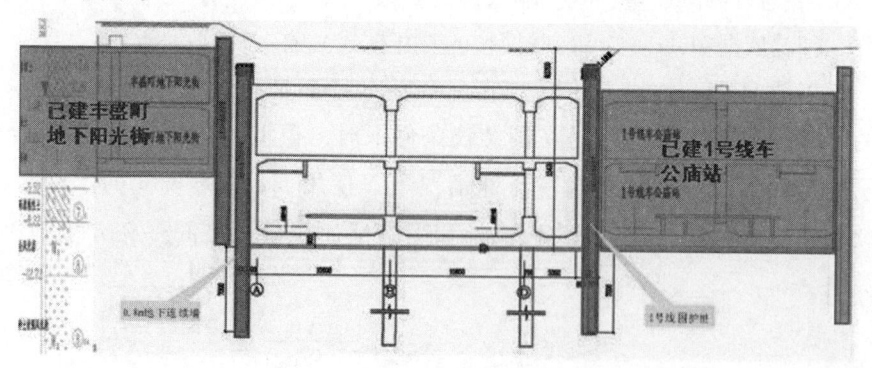

图4.1 车公庙站结构横断面图

基本假定如下：

（1）土体为各向同性、均值的理想弹塑性体，简化地表和各层土体，使其均呈匀质的水平层状分布；

（2）初始地应力在模型计算只考虑土体自重应力，忽略岩土体构造应力，使岩土体在自重作用下，土体达到平衡，而后再进行地铁车站建设；

（3）模型中所选用的地层参数，参照工程地勘报告中所给出的土体参数；

（4）假定既有地下结构在施工前处于良好状态；

（5）考虑基坑的长条形状以及结构对称性，可以认为基坑每一断面的施工工艺和支护措施是一致的，因此可以截取基坑典型断面开展相应的研究工作；

（6）假定周边土层为线性均匀分层分布，围护结构埋入岩土体内，假定其在开挖过程中为不动点，无水平位移。以方便观察和分析连续墙在土体开挖过程中的变形情况。

根据地铁车站建设的相关规范和工程地质条件,计算模型为取一定边界范围内的土体、地铁结构作为分析对象,建立二维弹塑性数值计算模型,模拟地铁车站施工力学过程。计算模型选取的计算范围考虑到毗邻地下结构的有效影响范围及合理的计算规模,选取竖向 80 m,横向 120 m。根据地质模型、围护结构、基坑开挖和支撑的施工工序,将数值模型相应的分成 7 层厚度不同的岩土体,采用 HS 力学模型进行模拟,而钢筋混凝土支护体系采用弹性模型。对模型进行单元划分,共计 786 个单元,计算模型如图 4.2 所示。

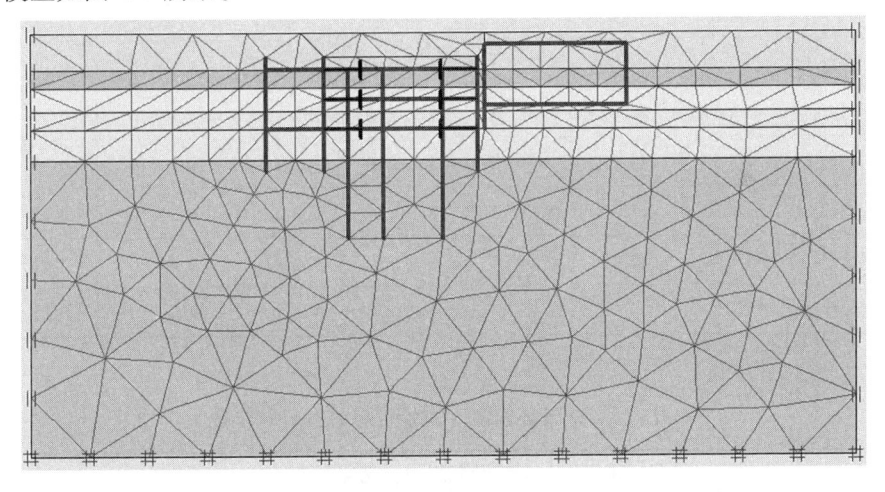

图 4.2 数值计算模型

4.2.2 岩土体工程力学参数

根据地质勘察报告提供的地层参数,并考虑应用软件进行数值计算分析的需要,将一定深度范围内的岩土体类别相近的岩土体进行合并,按地层变化情况,将其简化为 7 层;并对岩土体各层的工程力学参数进行了综合取值。与此同时,Hardening - Soil model 是一种改进了的模拟岩土行为的模型。对于 Mohr - Coulomb 模型来说,极限应力状态是由摩擦角 φ、黏聚力 c 以及剪胀角 ψ 来描述的。但是,采用三个不同的输入刚度可以将土体刚度描述得更为准确:三轴加载刚度 E_{50}、三轴卸载刚度 E_{ur} 和固结仪加载刚度 。我们一般取 $E_{ur} = 3E_{50}$ 和 $E_{50} = E_{oed}$ 作为不同土体类型的平均值,

37

但是，对于非常软的土或者非常硬的土通常会给出不同的 E_{oed}/E_{50} 比值。对比 Mohr-Coulomb 模型，Hardening-Soil 模型还可以用来解决模量依赖于应力的情况。这意味着所有的刚度随着压力的增加而增加。因此，输入的三个刚度值与一个参考应力有关，这个参考应力值通常取为 100 kPa。具体参数如表 4.1、表 4.2 所示。

表 4.1 计算模型力学参数

名称	r kN/m³	c kPa	ϕ °	Ψ °	E_{50}^{ref} kN/m²	E_{oed}^{ref} kN/m²	E_{ur}^{ref} kN/m²	m
素填土	16.00	10.00	5.00	0.0	1.2×10^4	1.2×10^4	3.6×10^4	0.25
黏土	17.50	20.00	8.00	0.0	1.7×10^4	1.7×10^4	5.1×10^4	0.25
砾砂	20.50	25.00	37.00	0.0	1.5×10^4	1.5×10^4	4.5×10^4	0.25
砾性黏土	18.50	35.00	28.00	0.0	2.0×10^4	2.0×10^4	6.0×10^4	0.25
全风化岩	19.50	45.00	30.00	12.00	3.2×10^4	3.2×10^4	9.6×10^4	0.25
强风化砂岩	20.50	60.00	32.00	13.00	3.2×10^4	3.2×10^4	9.6×10^4	0.25

表 4.2 地下连续墙（支护桩等效）计算参数

参数 数值	轴向刚度 kN/m	抗弯刚度 kNm²	等效厚度 m	容重 kN/m³	泊松比
	1.407×10^7	5.627×10^5	0.80	12.0	0.2

根据设计所提供参考的初始地应力资料，对车站基坑的初始地应力进行简化，垂向地应力以自重应力为主，水平地应力按相应的侧压力系数进行模拟，其中顺基坑轴线方向的侧压力系数为 $\lambda_1 = 0.80$，垂直基坑轴线方向的侧压力系数 $\lambda_2 = 0.85$。

4.2.3 基坑施工过程模拟

针对新建深基坑对紧邻既有地下结构的影响，通过数值模拟明挖顺筑和盖挖逆筑两种施工工艺，对比论证基坑围护结构变形规律。根据基坑的开挖和建造顺序，将明挖顺筑和盖挖逆筑法两种施工过程相应的分成如下步骤进行模拟：

（1）明挖顺筑法模拟步骤：

① 计算初始地应力，即将自重荷载转化为等效节点荷载计算初始地应力场。

② 进行地下水降水，其中地下水位为 -2.80 m。

③ 地下连续墙围护结构施工。

④ 开挖上层土体设置上层钢支撑。

⑤ 开挖中间层土体。

⑥ 设置中间层钢支撑。

⑦ 最后开挖底层土体。

⑧ 浇筑底板混凝土结构。

⑨ 拆除中间层支撑。

⑩ 浇筑车站混凝土结构。

⑪ 拆除顶层支撑。

⑫ 浇筑车站顶板混凝土结构。

⑬ 回填土体。

（2）盖挖逆筑法模拟步骤如下：

① 计算初始地应力，即将自重荷载转化为等效节点荷载计算初始地应力场。

② 进行地下水降水，其中地下水位为 -2.80 m。

③ 地下连续墙围护结构施工。

④ 构筑中间立柱。

⑤ 构筑顶板。

⑥ 回填土，恢复路面。

⑦ 开挖上层土。

⑧ 构筑上层主体结构。

⑨ 开挖下层土。

⑩ 构筑下层主体结构。

4.3 数值模拟计算结果分析

在考虑地层参数、初始应力、施工过程、支护体系、主体结构等因素的综合影响下，计算出研究域内不同施工工艺的位移矢量图，并绘制了围护结构的变形曲线，进而对比研究两种施工工艺对毗邻地下结构围护结构变形情况。

4.3.1 矢量分析

（1）不考虑地下水

图4.3给出了不考虑地下水影响的情况下两种施工方法对毗邻地下结构的变形矢量图。由图可知：① 随着深基坑施工进展，在建地铁车站两侧的毗邻地下结构向深基坑内的位移趋势越加明显，即位移变形量逐渐增大。② 两种施工工法，除第一道支撑建设过程毗邻地下结构的变形矢量相同之外，第二、三道支撑建设过程中，当采用明挖顺筑法施工时，其整体结构变形趋势为向基坑内水平位移，其中丰盛町结构位移趋势较1号线地铁车站明显；当采用盖挖逆筑法施工时，其整体结构变形趋势除向基坑内水平位移外，还有顶部回填土与已建成结构体的竖向位移趋势，其中丰盛町结构位移趋势较1号线地铁车站明显。③ 两种施工方法相比较，盖挖逆筑法所产生的位移趋势相对于明挖顺筑法所产生的位移趋势较小。

（2）考虑地下水

① 位移矢量。

图4.4给出了考虑地下水情况的影响下两种施工方法对毗邻地下结构的变形矢量图。由图可知：① 两种施工方法对毗邻地下结构的变形矢量与不考虑地下水影响的趋势基本相同。② 由于地下水渗流作用，使毗邻地下结构的变形趋势相对无水情况下更为明显。

通过对比是否考虑地下水渗流影响作用下的地铁车站基坑建设所采用的两种不同施工工法的毗邻地下结构变形位移矢量可知，地下水渗流作用对于深基坑两侧毗邻地下结构的变形有着重要的影响，因此在建设过程中应处理好基坑内外渗水，防止由于渗水造成深基坑建设延误。与此同时，深基坑建设过程中两侧毗邻地下结构都会向基坑内侧产生水平位移趋势，

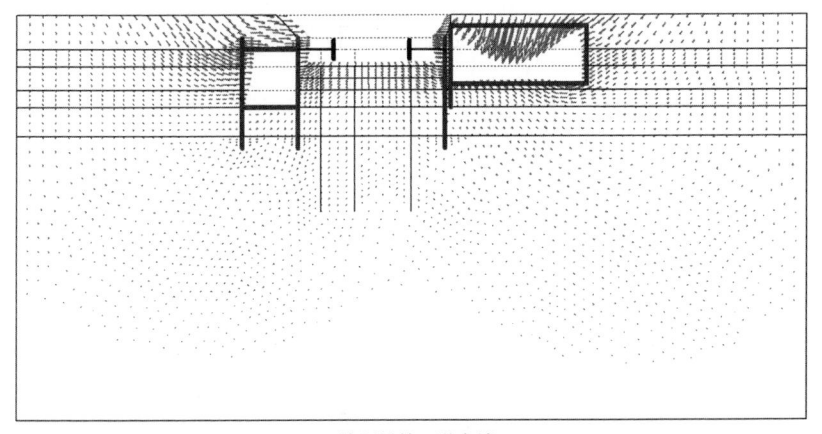

(a) 明挖顺筑第一道支撑

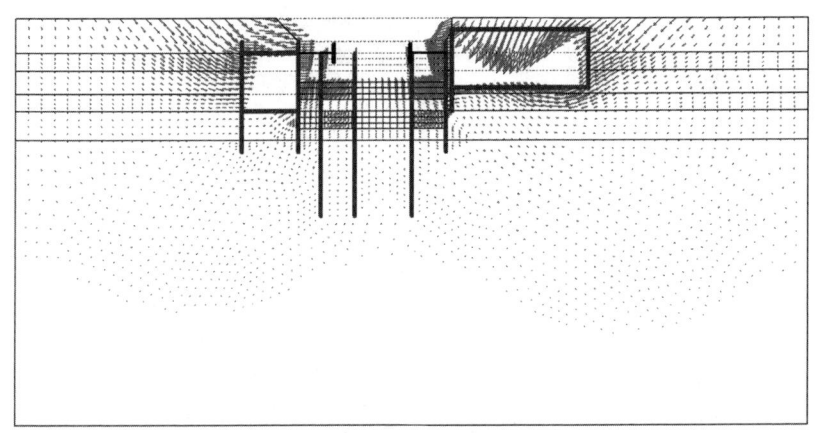

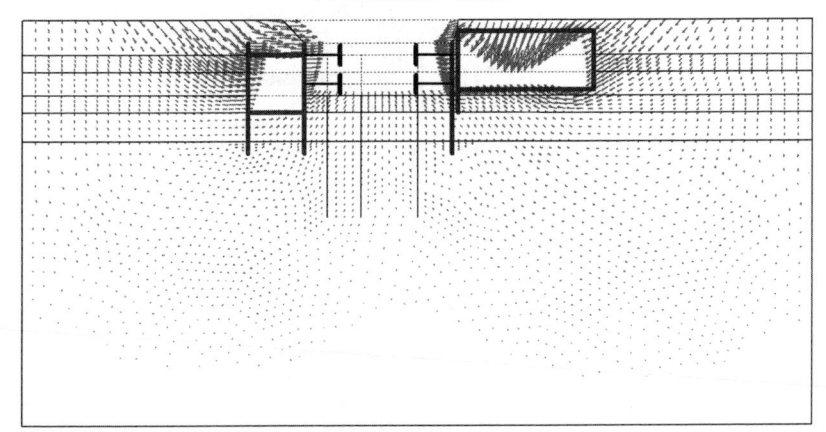

(b) 盖挖逆筑第一道支撑

(c) 明挖顺筑第二道支撑

图 4.3　不考虑地下水情况的不同施工方法对毗邻地下结构的变形矢量（1）

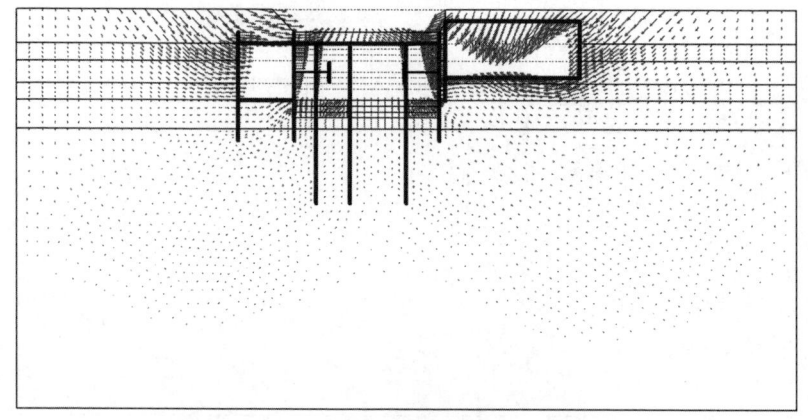

(d) 盖挖逆筑第二道支撑

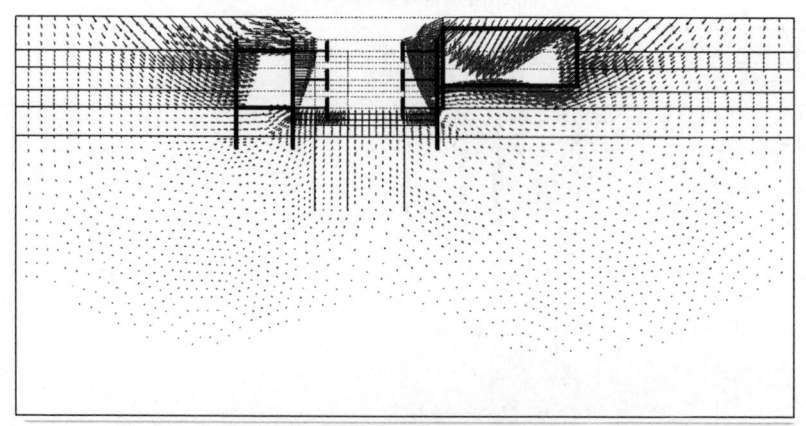

(e) 明挖顺筑第三道支撑

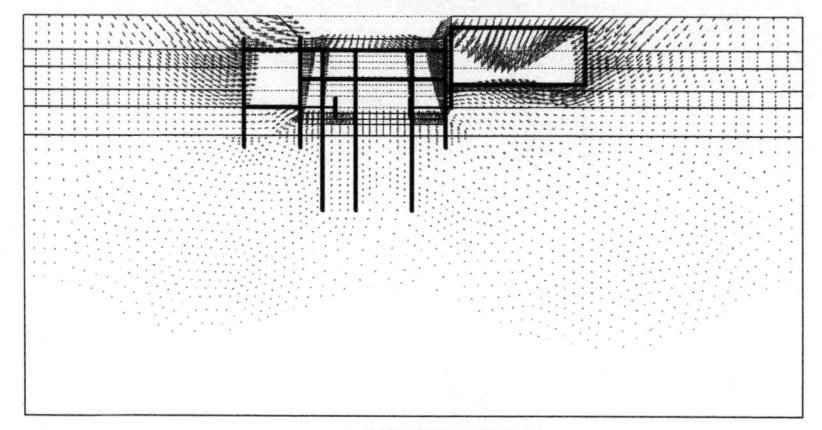

(f) 盖挖逆筑第三道支撑

图 4.3 不考虑地下水情况的不同施工方法对毗邻地下结构的变形矢量（2）

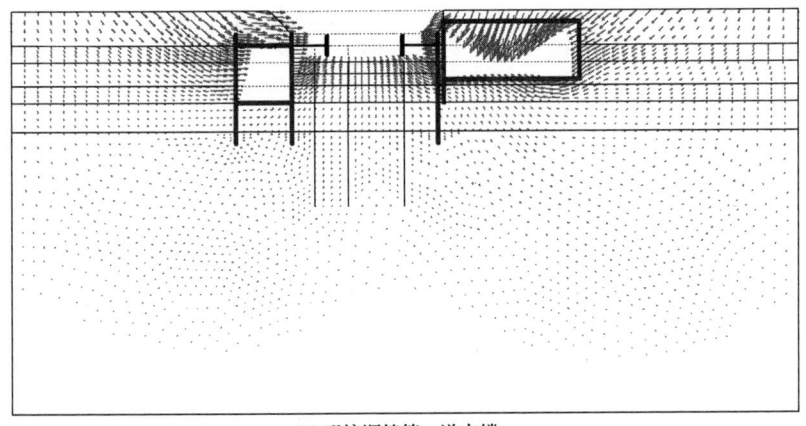

(a) 明挖顺筑第一道支撑

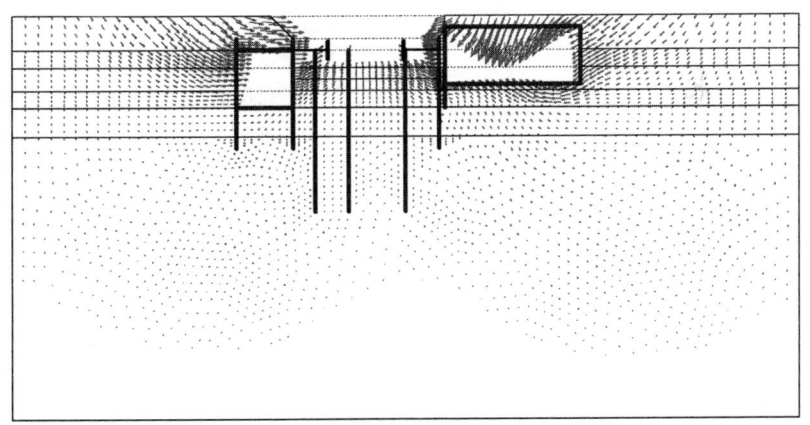

(b) 盖挖逆筑第一道支撑

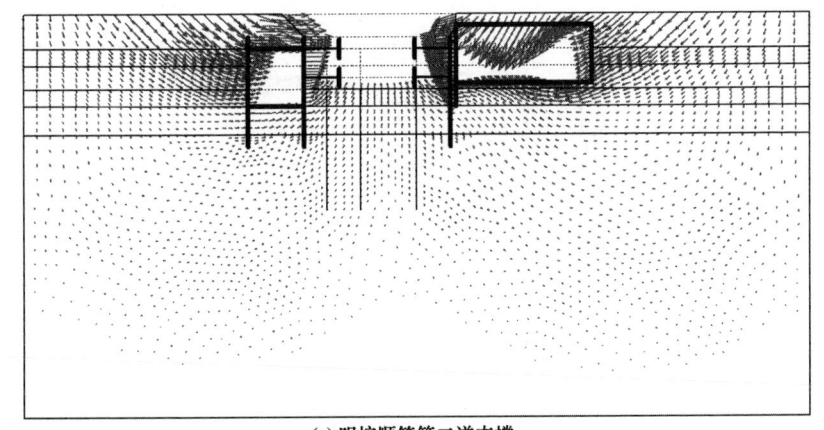

(c) 明挖顺筑第二道支撑

图 4.4 考虑地下水情况的不同施工方法对毗邻地下结构的变形矢量（1）

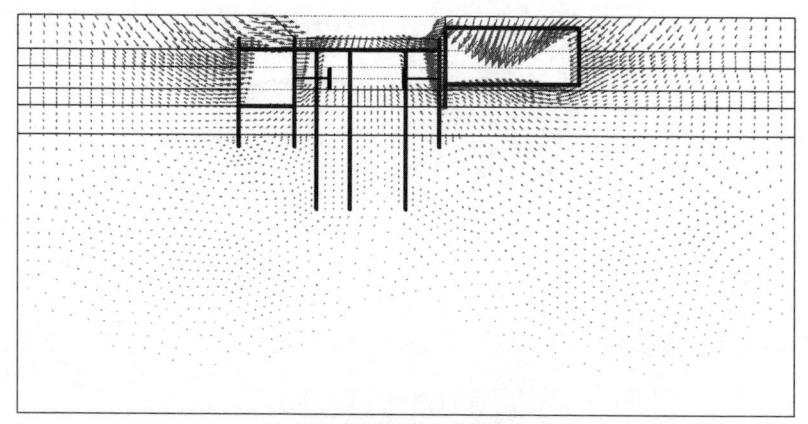

(d) 盖挖逆筑第二道支撑

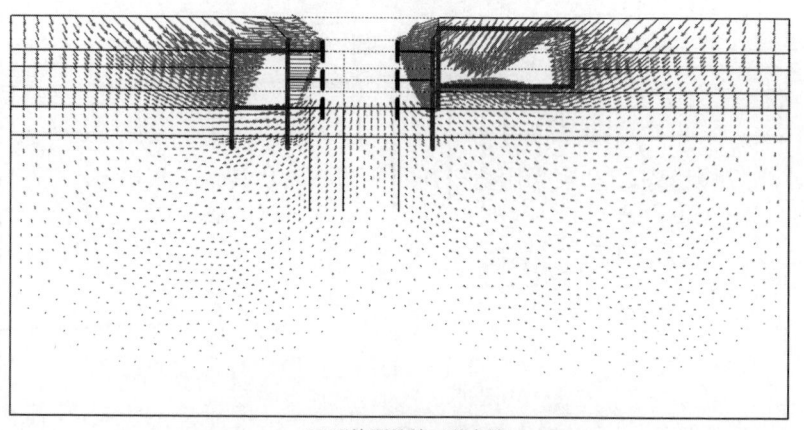

(e) 明挖顺筑第三道支撑

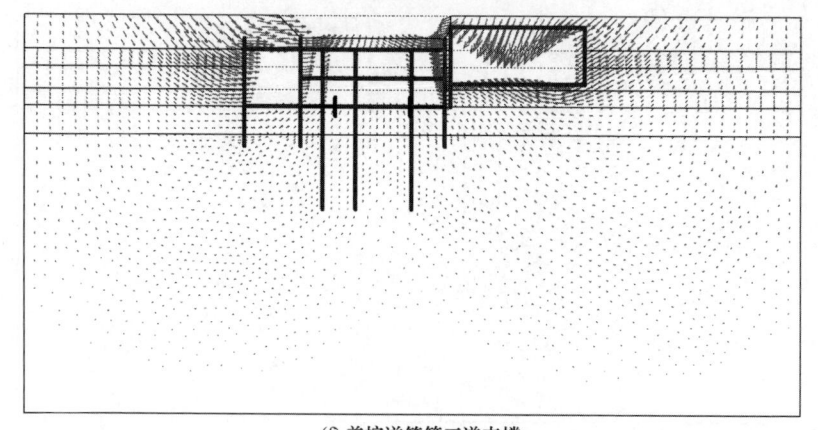

(f) 盖挖逆筑第三道支撑

图 4.4 考虑地下水情况的不同施工方法对毗邻地下结构的变形矢量（2）

且丰盛町位移趋势相对原有1号线地铁车站结构较明显,因此在建设过程中应加强深基坑两侧水平变形监测,做好横向支撑体系,防止两侧毗邻地下结构产生较大变形。

② 渗流场矢量。

图4.5给出了考虑地下水情况的影响下渗流场在两种施工方法中的矢量图。由图可知:① 当采用明挖顺筑法施工时,随着施工工序的进行,基坑内通过降水措施,将地下水位不断降低到施工作业面以下,地下水渗透趋势为从基坑两侧毗邻地下结构底部流向基坑施工作业面底部,并从底部向上渗透。由于施工区域周围地下水是绕过丰盛町和原有1号线地铁车站结构的底部流向在建深基坑施工作业面,随着施工工序的开展(即在建车站基坑内地下水位的降低),地下水绕行趋势越来越明显,从而造成丰盛町结构和原有1号线地铁车站结构远离在建车站基坑的一侧所受到地下水作用要比紧邻一侧显著,致使两个毗邻地下结构产生了较大的向基坑内侧的水平位移趋势。② 当采用盖挖逆筑法施工时,其地下水渗流对毗邻地下结构的作用相对明挖顺筑法的影响小,从而也造成两侧毗邻地下结构的变形趋势相对明挖顺筑法的影响小。这与变形矢量分析结论基本一致。

4.3.2 应变分析

(1) 不考虑地下水

图4.6给出了不考虑地下水情况的影响下两种施工方法深基坑开挖过程中的位移变形图。由图可知:① 随着施工工序的开展,基坑两侧水平位移变形呈对称分布形式,且变形量逐渐增大,变形方向为向基坑内侧水平位移。② 当第一道支撑完成后,对于明挖顺筑法施工来说,原有1号线地铁车站结构水平位移最大值为23.28 mm,丰盛町结构水平位移最大值为30.32 mm;对于盖挖逆筑法施工来说,原有1号线地铁车站结构水平位移最大值为23.28 mm,丰盛町结构水平位移最大值为30.32 mm。③ 当第二道支撑完成时,对于明挖顺筑法施工来说,原有1号线地铁车站结构水平位移最大值为34.64 mm,丰盛町结构水平位移最大值为38.75 mm;对于盖挖逆筑法施工来说,原有1号线地铁车站结构水平位移最大值为27.46 mm,丰盛町结构水平位移最大值为35.53 mm。④ 当第三道支撑完成时,对于明挖顺筑法施工来说,原有1号线地铁车站结构水平位移最大值为

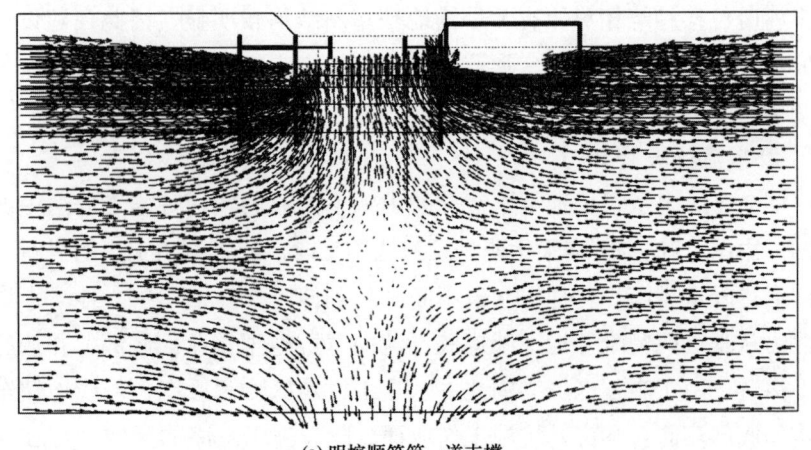

(a) 明挖顺筑第一道支撑

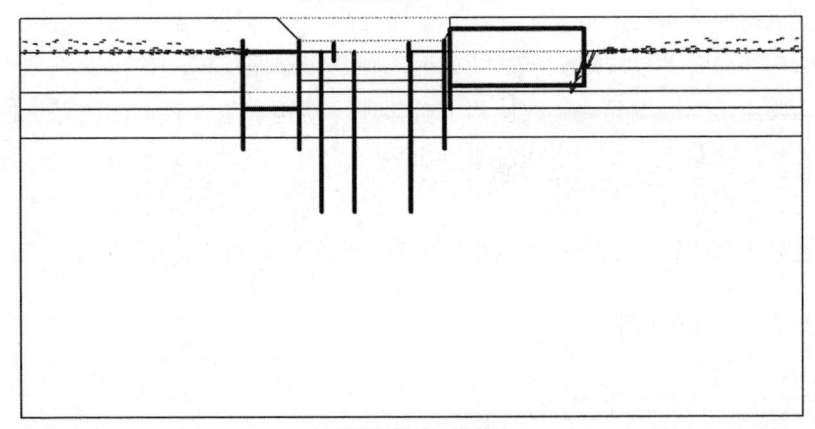

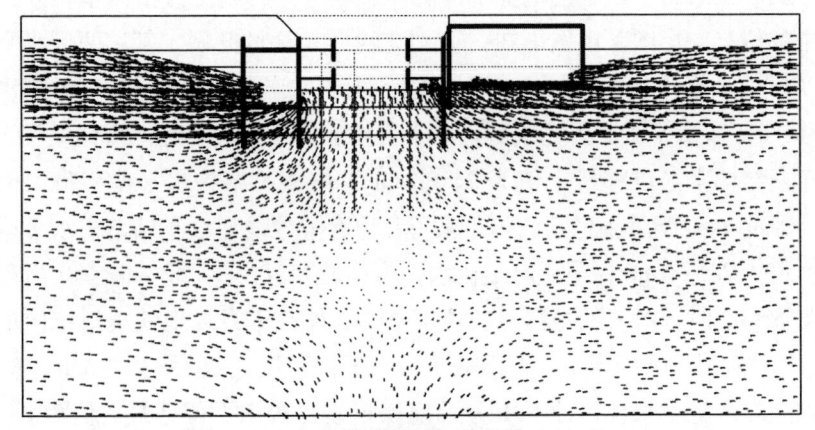

(b) 盖挖逆筑第一道支撑

(c) 明挖顺筑第二道支撑

图4.5 考虑地下水情况的影响下渗流场在两种施工方法中的矢量（1）

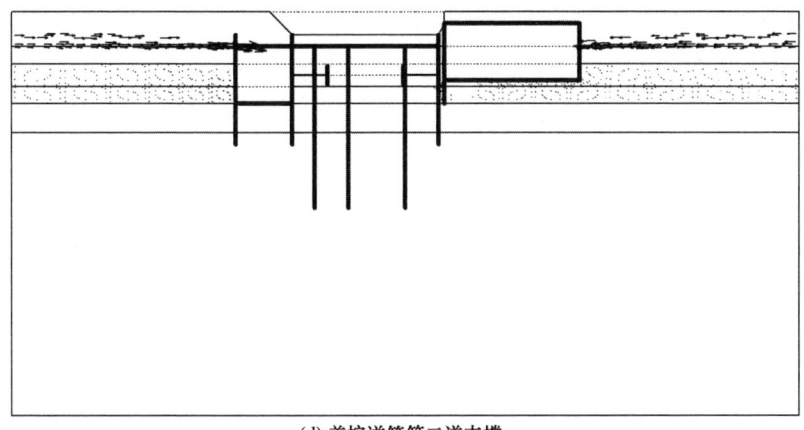

(d) 盖挖逆筑第二道支撑

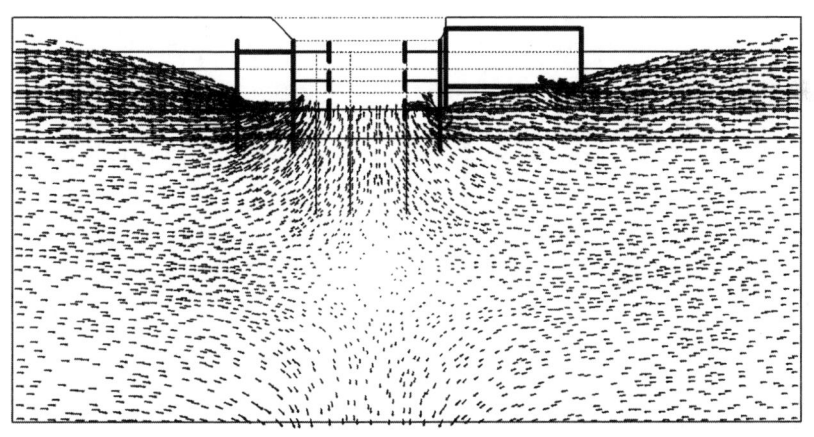

(e) 明挖顺筑第三道支撑

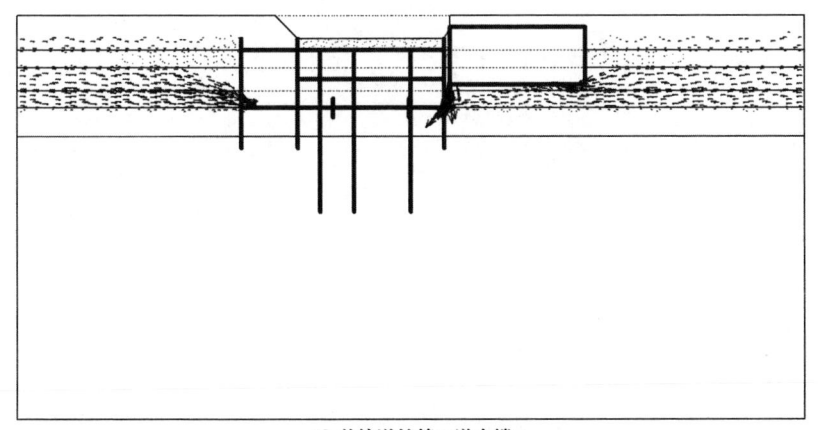

(f) 盖挖逆筑第三道支撑

图4.5 考虑地下水情况的影响下渗流场在两种施工方法中的矢量（2）

40.28 mm，丰盛町结构水平位移最大值为 44.32 mm；对于盖挖逆筑法施工来说，原有 1 号线地铁车站结构水平位移最大值为 34.72 mm，丰盛町结构水平位移最大值为 39.65 mm。

(a) 明挖顺筑第一道支撑

(b) 盖挖逆筑第一道支撑

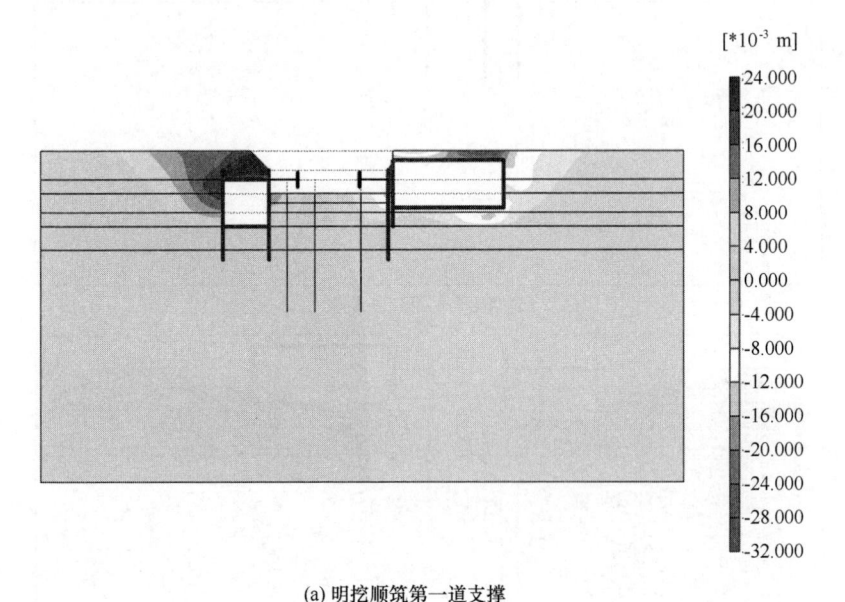

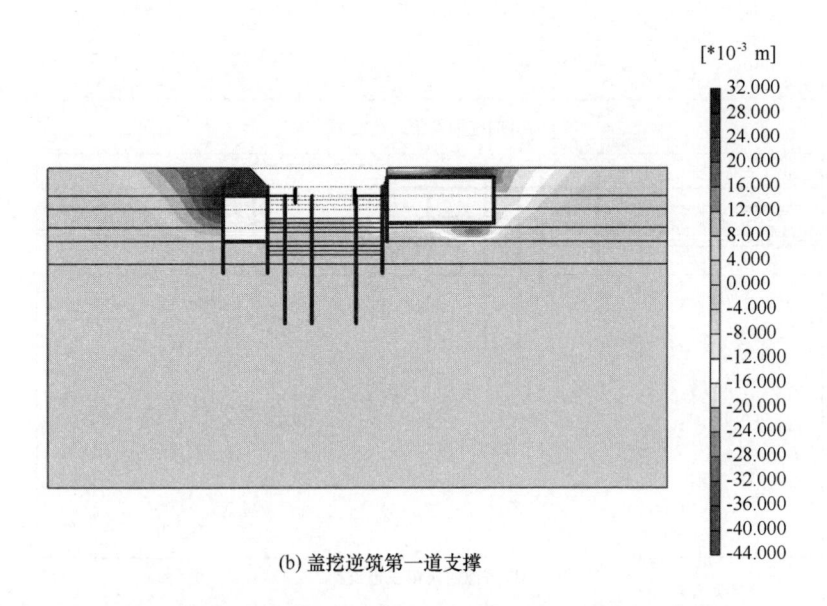

图 4.6　不考虑地下水影响下两种施工方法深基坑开挖过程中的位移变形（1）

48

(c) 明挖顺筑第二道支撑

(d) 盖挖逆筑第二道支撑

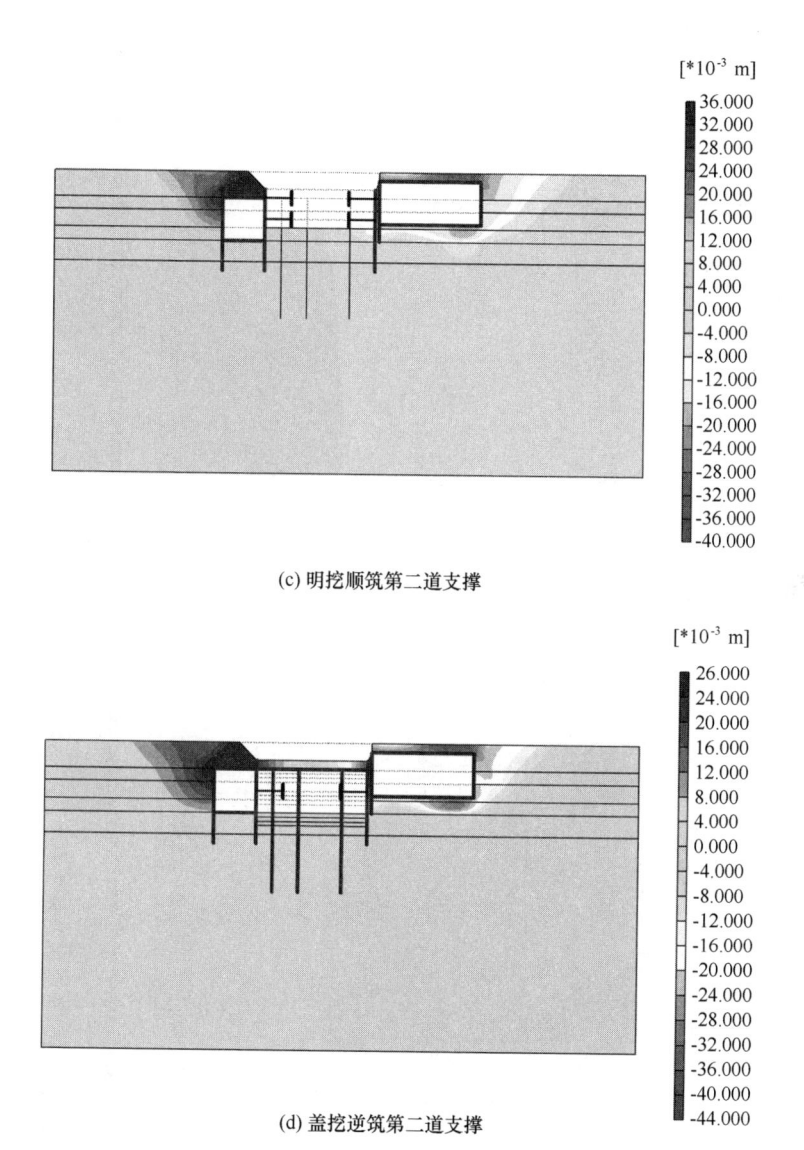

图 4.6 不考虑地下水影响下两种施工方法深基坑开挖过程中的位移变形（2）

49

(e) 明挖顺筑第三道支撑

(f) 盖挖逆筑第三道支撑

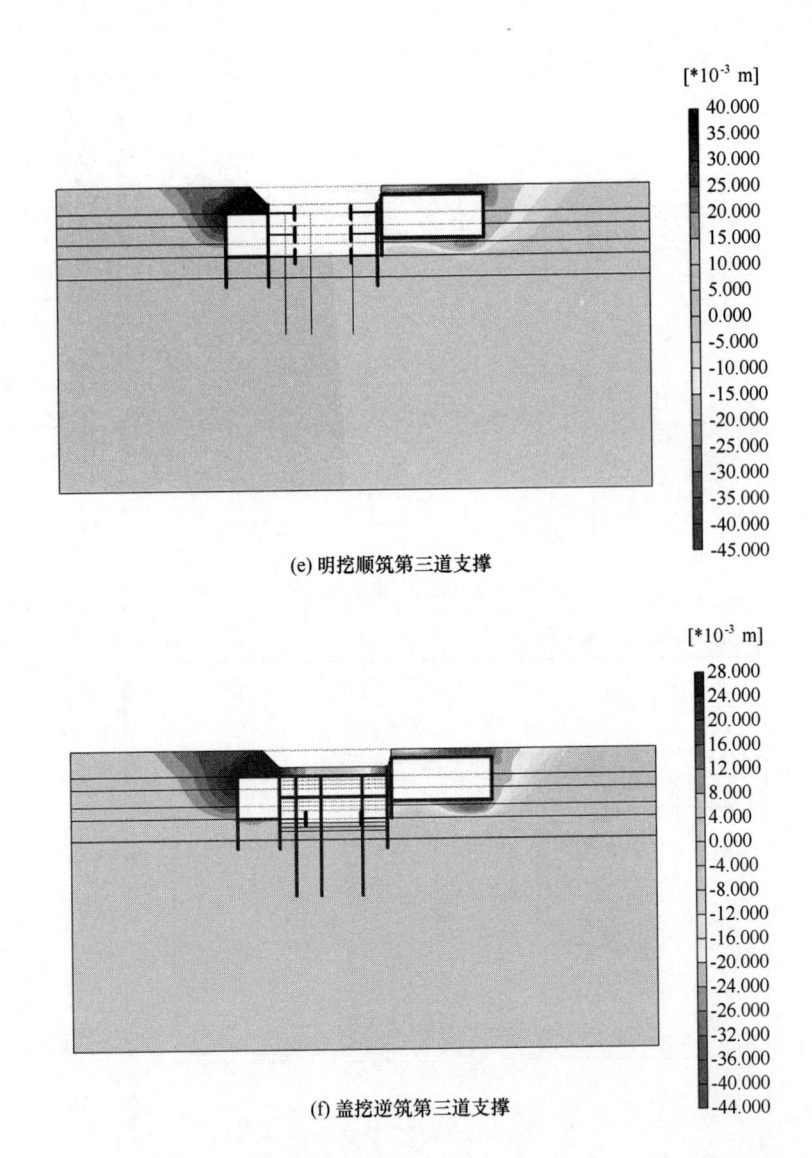

图 4.6　不考虑地下水影响下两种施工方法深基坑开挖过程中的位移变形（3）

（2）考虑地下水

图 4.7 给出了考虑地下水情况的影响下两种施工方法深基坑开挖过程中的位移变形图。由图可知：① 其位移变形趋势与不考虑地下水情况的基本一致。② 当第一道支撑完成后，对于明挖顺筑法施工来说，原有 1 号线地铁车站结构水平位移最大值为 31.36 mm，丰盛町结构水平位移最大值为

39.28 mm；对于盖挖逆筑法施工来说，原有 1 号线地铁车站结构水平位移最大值为 31.36 mm，丰盛町结构水平位移最大值为 39.28 mm。③ 当第二道支撑完成时，对于明挖顺筑法施工来说，原有 1 号线地铁车站结构水平位移最大值为 34.64 mm，丰盛町结构水平位移最大值为 38.75 mm；

(a) 明挖顺筑第一道支撑

(b) 盖挖逆筑第一道支撑

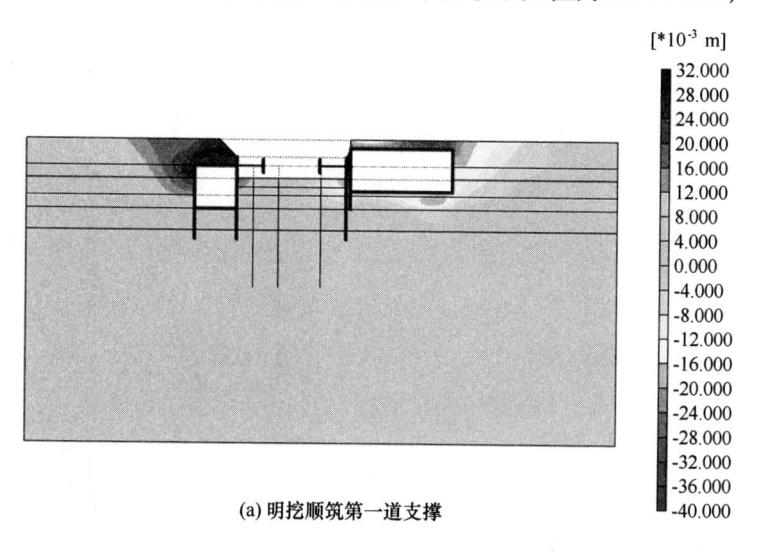

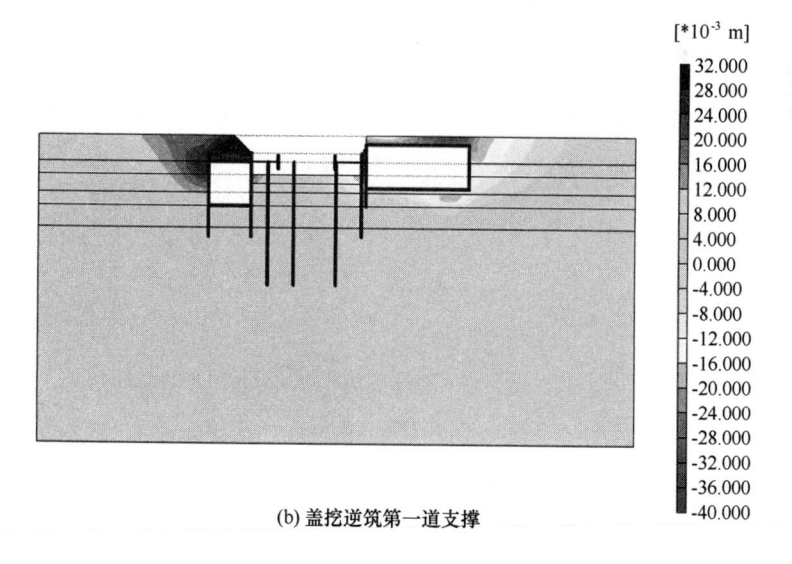

图 4.7 考虑地下水影响下两种施工方法深基坑开挖过程中的位移变形（1）

(c) 明挖顺筑第二道支撑

(d) 盖挖逆筑第二道支撑

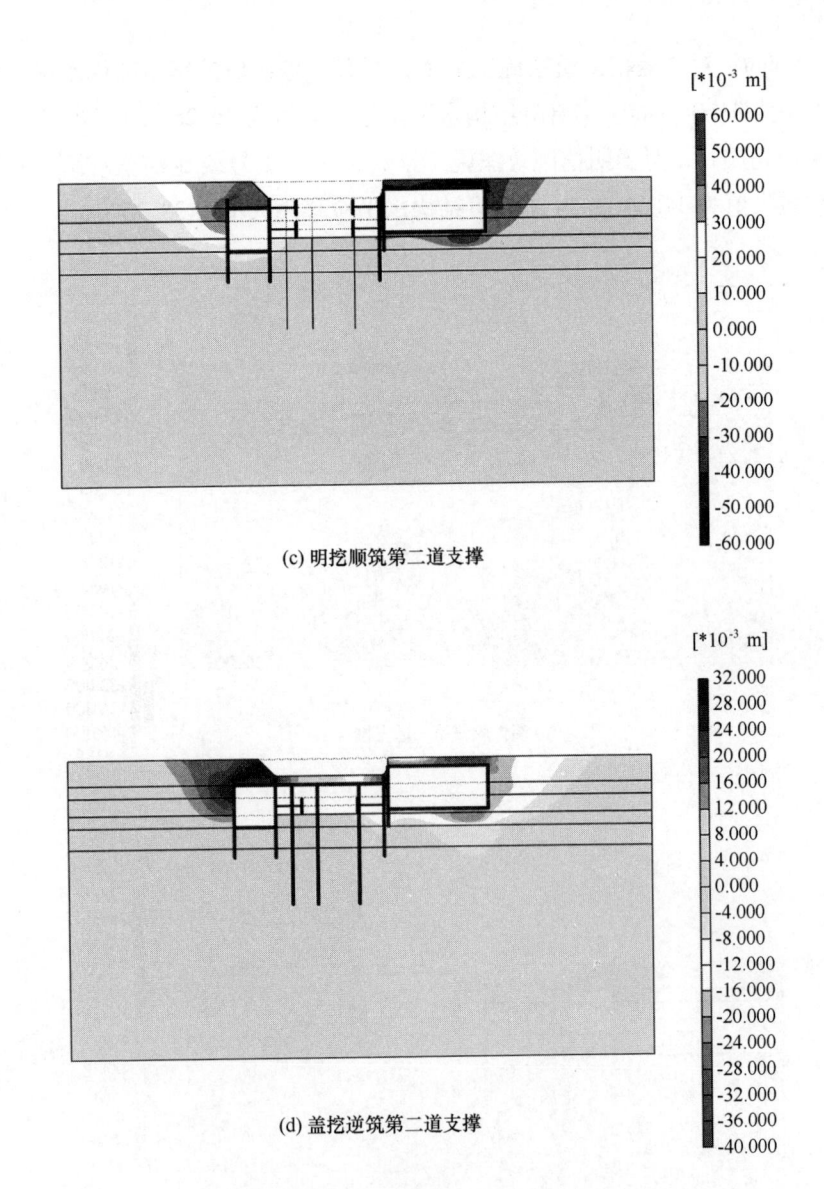

图 4.7 考虑地下水影响下两种施工方法深基坑开挖过程中的
位移变形（2）

(e) 明挖顺筑第三道支撑

(f) 盖挖逆筑第三道支撑

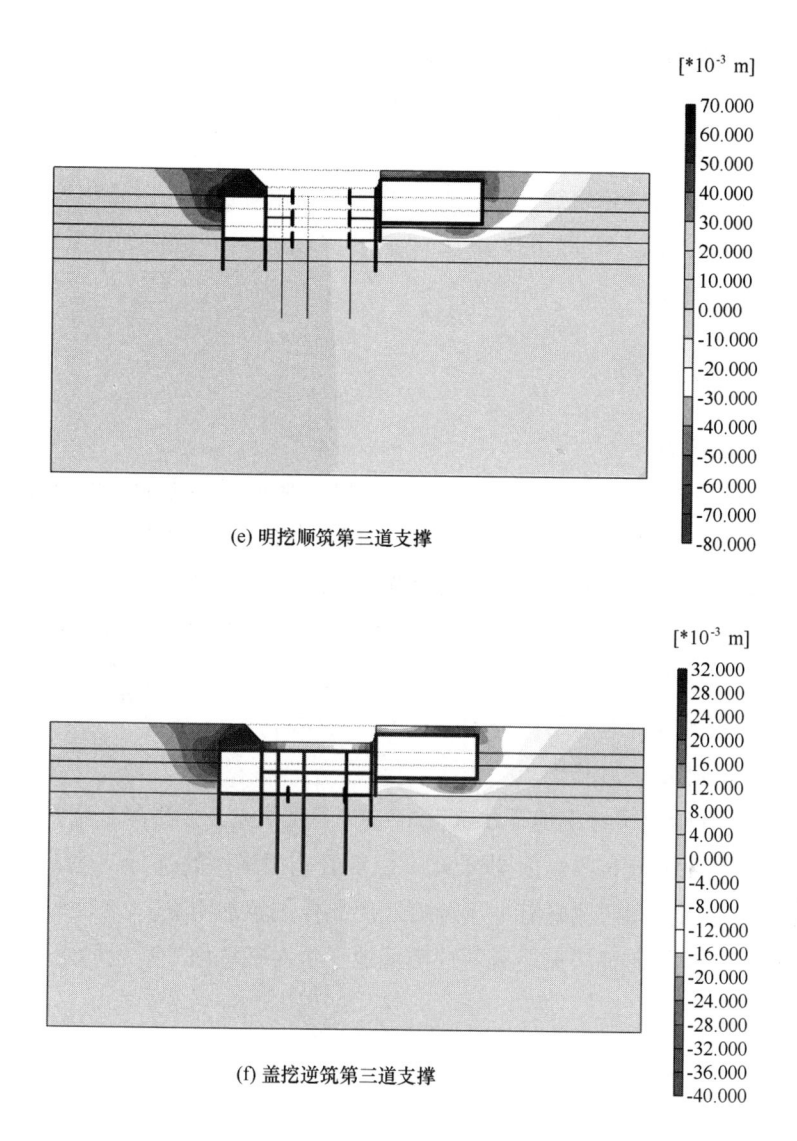

图 4.7　考虑地下水影响下两种施工方法深基坑开挖过程中的
位移变形（3）

对于盖挖逆筑法施工来说，原有1号线地铁车站结构水平位移最大值为27.46 mm，丰盛町结构水平位移最大值为35.53 mm。④ 当第三道支撑完成时，对于明挖顺筑法施工来说，原有1号线地铁车站结构水平位移最大值为56.37 mm，丰盛町结构水平位移最大值为64.82 mm；对于盖挖逆筑法施工来说，原有1号线地铁车站结构水平位移最大值为36.15 mm，丰盛町结构水平位移最大值为 44.38 mm。

综合分析可知：① 随着地铁车站基坑建设的进行，毗邻地下结构中丰盛町结构变形量相对于原有 1 号线较大，且变形量最大点均位于远离在建基坑一侧；② 盖挖逆筑法施工所产生的变形量相对于明挖顺筑法施工所产生的变形量较小；③ 地下水渗流对于增加毗邻地下结构的变形有显著作用。

4.3.3 应力分析

（1）总应力分析

图 4.8、图 4.9 分别给出了是否考虑地下水情况的影响下两种施工方法深基坑开挖过程中的总应力分布图。由图可知：① 考虑地下水情况作用下的深基坑两侧岩土体与既有结构所受总应力相比不考虑地下水情况的量值要大，这与位移变形趋势一致。② 随着施工工序的进行，基坑底部与两侧既有地下结构底部所受到的总应力逐渐提高，从而造成在建基坑底部产生隆起，两侧既有地下结构产生向基坑内侧倾斜。

（2）孔隙水压力分析

图 4.10 给出了考虑地下水情况的影响下两种施工方法深基坑开挖过程中的孔隙水压力分布图。由图可知：① 随着施工降水的进行，地下水渗透对在建基坑底部和两侧既有地下结构底部的作用越加明显。② 两种施工工法相比较，盖挖逆筑法更能有效地降低地下水对基坑施工建设的影响。

(a) 明挖顺筑第一道支撑

(b) 盖挖逆筑第一道支撑

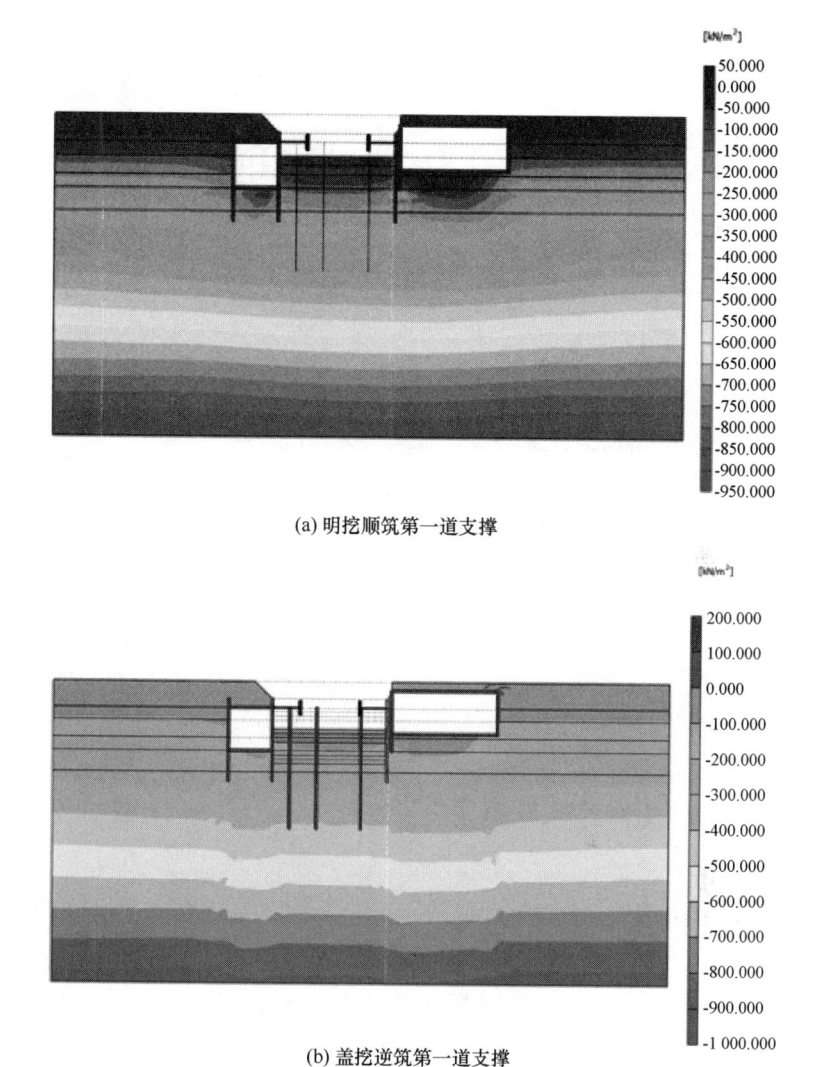

图 4.8　不考虑地下水影响下两种施工方法深基坑开挖过程中的总应力分布（1）

55

(c) 明挖顺筑第二道支撑

(d) 盖挖逆筑第二道支撑

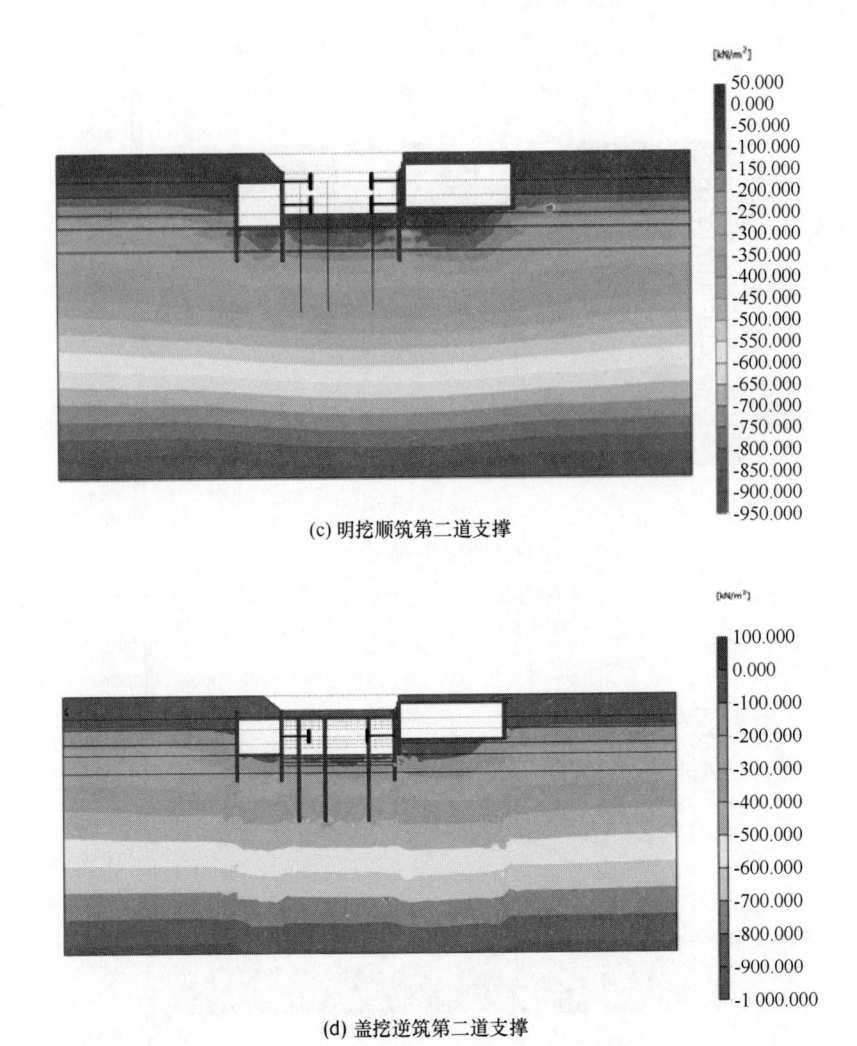

图 4.8 不考虑地下水影响下两种施工方法深基坑开挖过程中的
总应力分布（2）

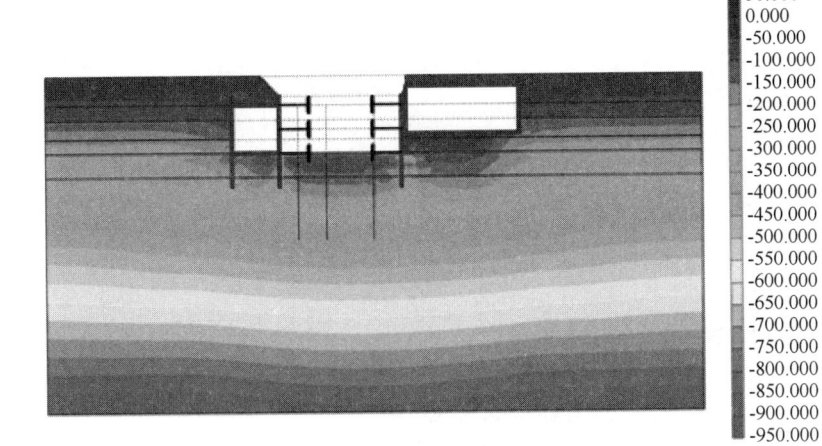

(e) 明挖顺筑第三道支撑

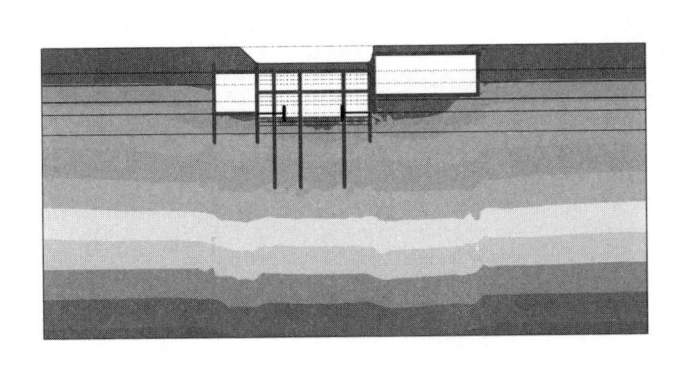

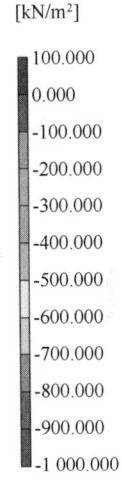

(f) 盖挖逆筑第三道支撑

图 4.8 不考虑地下水影响下两种施工方法深基坑开挖过程中的总应力分布（3）

(a) 明挖顺筑第一道支撑

(b) 盖挖逆筑第一道支撑

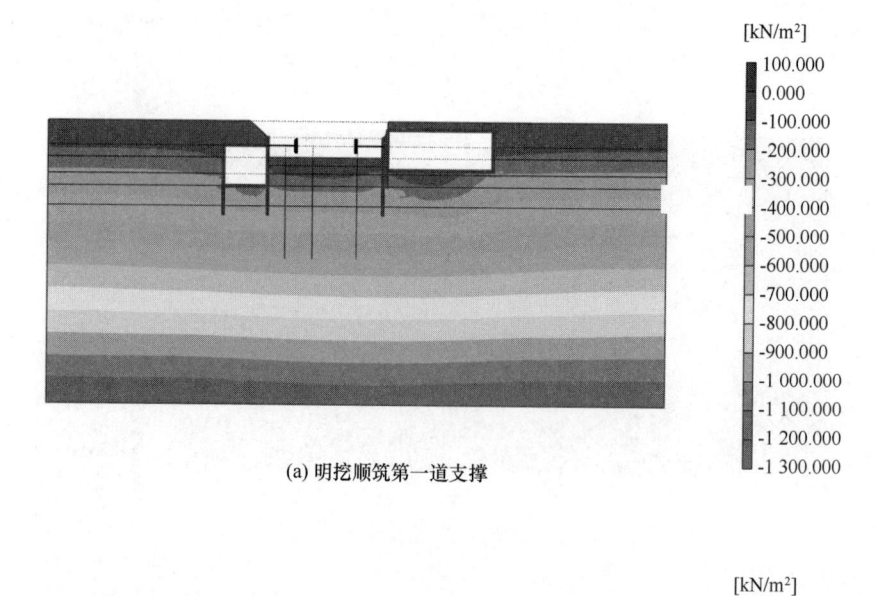

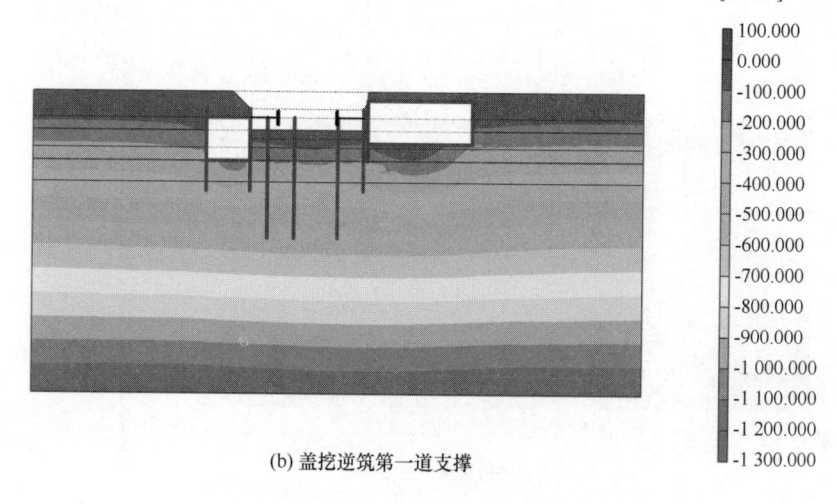

图 4.9 考虑地下水影响下两种施工方法深基坑开挖过程中的总应力分布（1）

(c) 明挖顺筑第二道支撑

(d) 盖挖逆筑第二道支撑

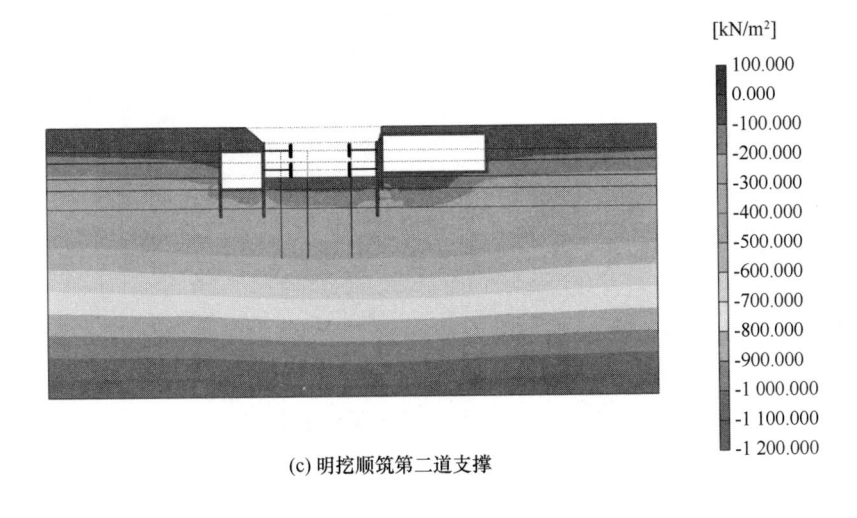

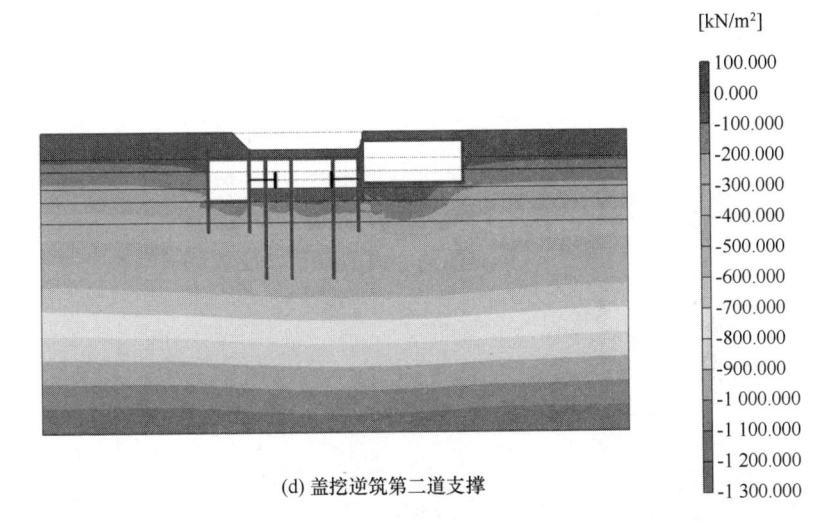

图 4.9 考虑地下水影响下两种施工方法深基坑开挖过程中的总应力分布（2）

(e) 明挖顺筑第三道支撑

(f) 盖挖逆筑第三道支撑

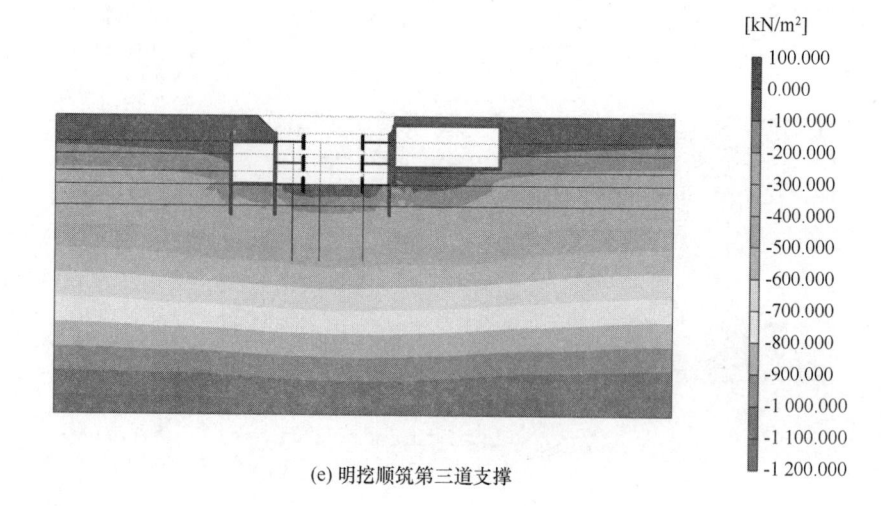

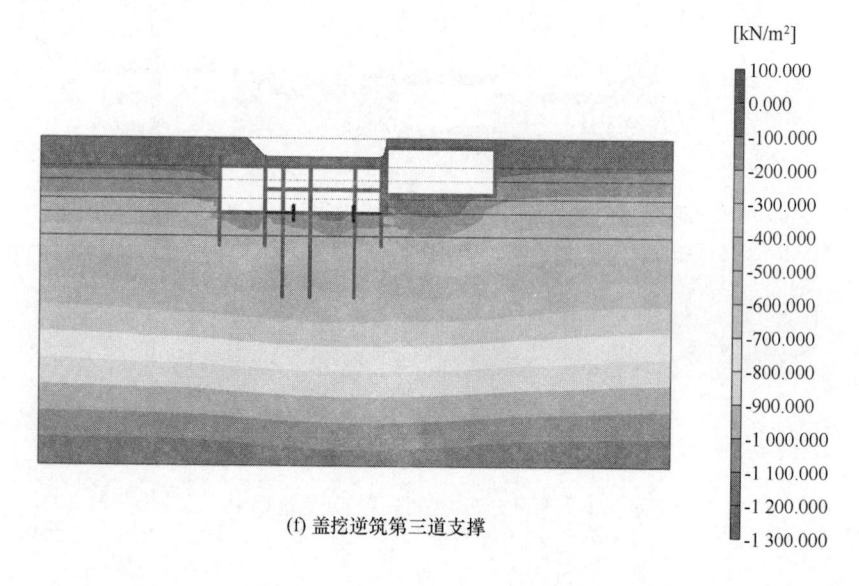

图 4.9　考虑地下水影响下两种施工方法深基坑开挖过程中的总应力分布（3）

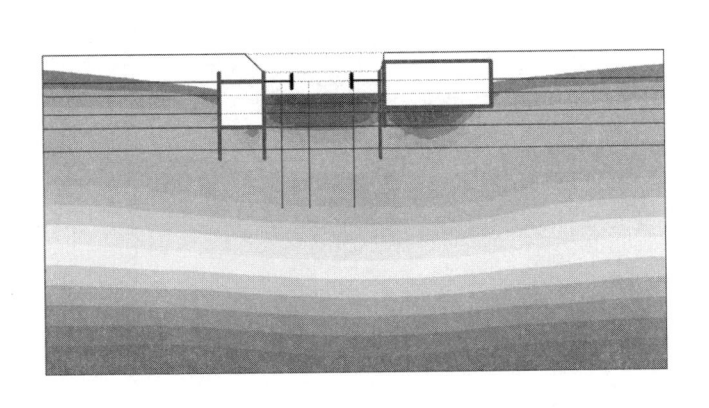

(a) 明挖顺筑第一道支撑

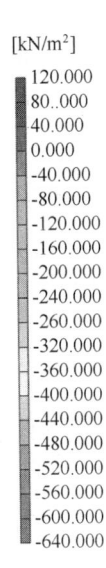

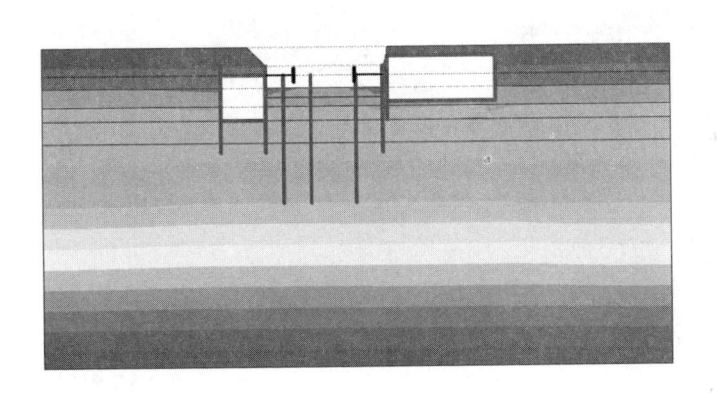

(b) 盖挖逆筑第一道支撑

图4.10 考虑地下水影响下两种施工方法深基坑开挖过程中的孔隙水压力分布（1）

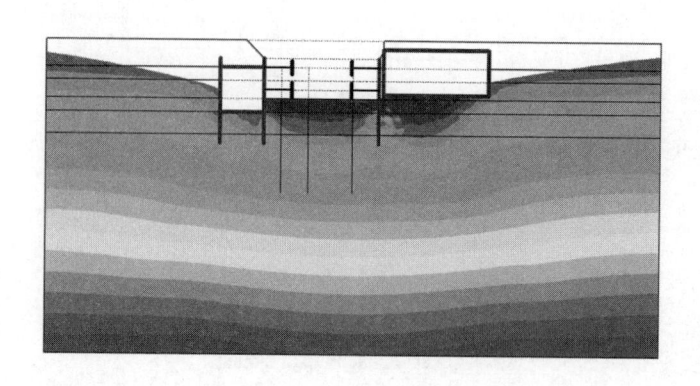

(c) 明挖顺筑第二道支撑

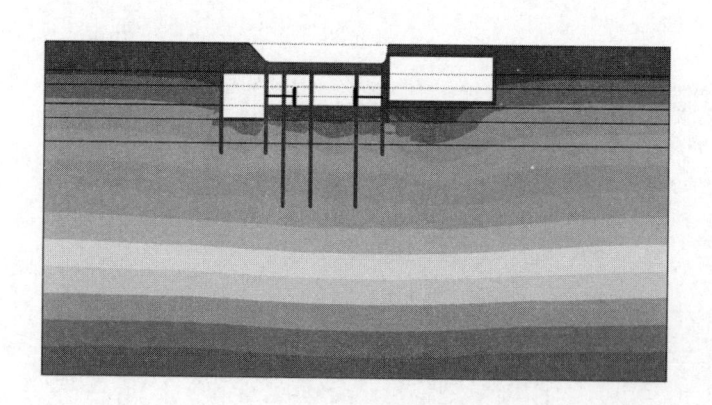

(d) 盖挖逆筑第二道支撑

图 4.10　考虑地下水影响下两种施工方法深基坑开挖过程中的孔隙水压力分布（2）

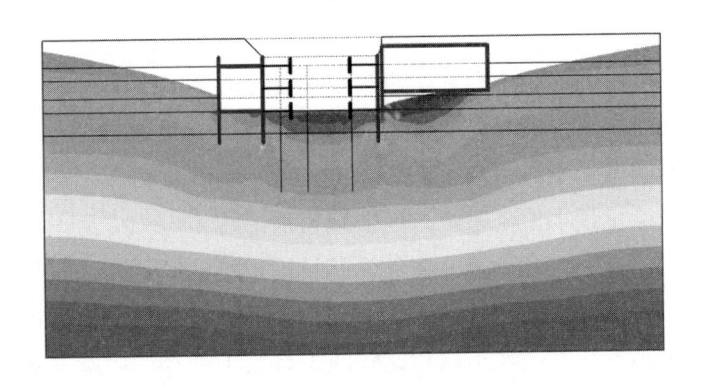

(e) 明挖顺筑第三道支撑

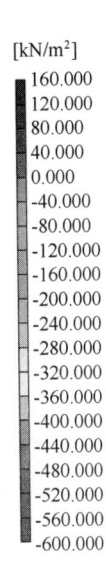

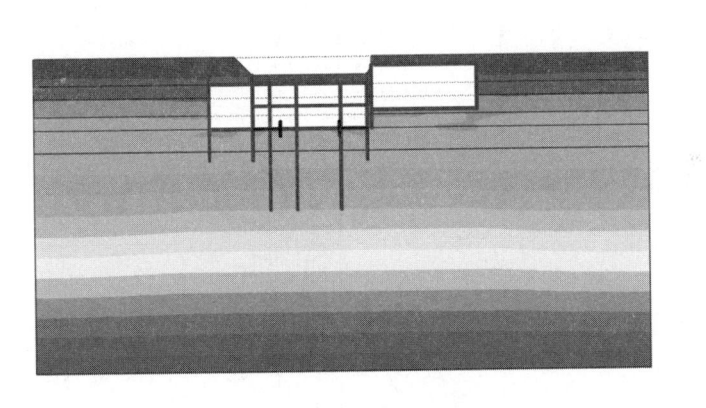

(f) 盖挖逆筑第三道支撑

图 4.10 考虑地下水影响下两种施工方法深基坑开挖过程中的
孔隙水压力分布（3）

63

4.3.4 毗邻地下结构倾斜变形分析

（1）不考虑地下水

图 4.11、图 4.12 分别给出了不考虑地下水情况的影响下两种施工方法深基坑围护结构倾斜变形图。由图可知：① 随着深基坑建设的进行，基坑两侧围护结构倾斜变形量逐渐增大。② 靠近原有 1 号线地铁车站的深基坑围护结构倾斜变形量最小值位于距离围护结构顶部约 2/3L（L 为围护结构长度）处；而靠近丰盛町地下商业街的深基坑围护结构倾斜变形量最小值位于距离围护结构顶部约 1/2L 处，这是由于丰盛町地下结构原有埋深深度与 1 号线地铁车站、在建地铁车站相比较浅，且其围护结构底端基本与在建地铁车站围护结构中部在同一深度，又由于两个围护结构体紧邻，从而相互影响、相互作用，致使在建地铁车站围护结构在此处倾斜变形量最

(a) 1 号线车站围护结构　　　　(b) 丰盛町围护结构

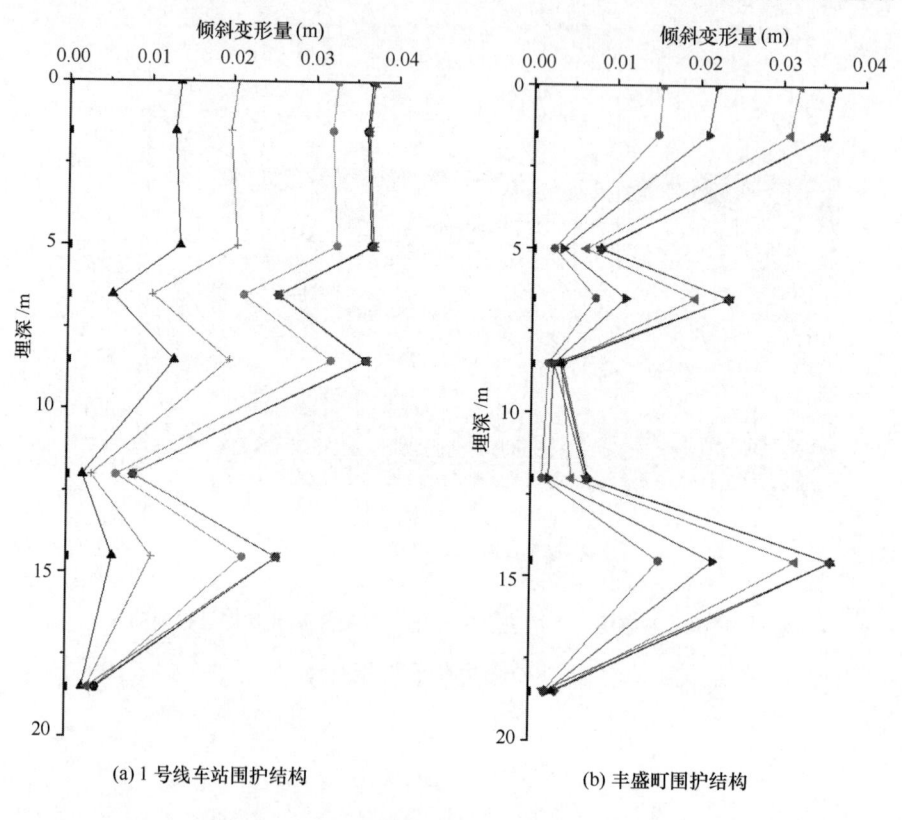

图 4.11　明挖顺筑施工中围护结构倾斜变形

小。③ 靠近原有1号线地铁车站的深基坑围护结构倾斜变形量相对于靠近丰盛町地下商业街的深基坑围护结构倾斜变形量要小。④ 盖挖逆筑法施工所产生的影响要比明挖顺筑法施工产生的影响较小。

(a) 1号线车站围护结构

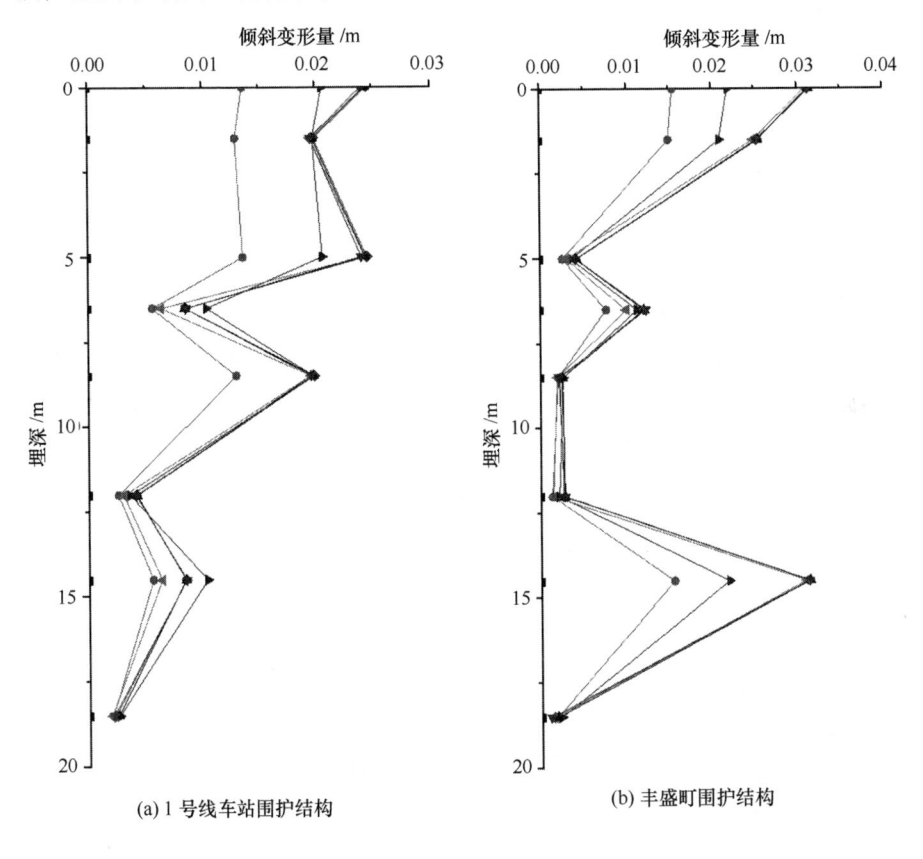

(b) 丰盛町围护结构

图 4.12　盖挖逆筑施工中围护结构倾斜变形

（2）考虑地下水

图 4.13、图 4.14 分别给出了考虑地下水情况的影响下两种施工方法深基坑围护结构倾斜变形图。由图可知，除地下水作用致使倾斜变形量增大之外，其他倾斜变形特点与不考虑地下水情况一致。

(a) 1号线车站围护结构

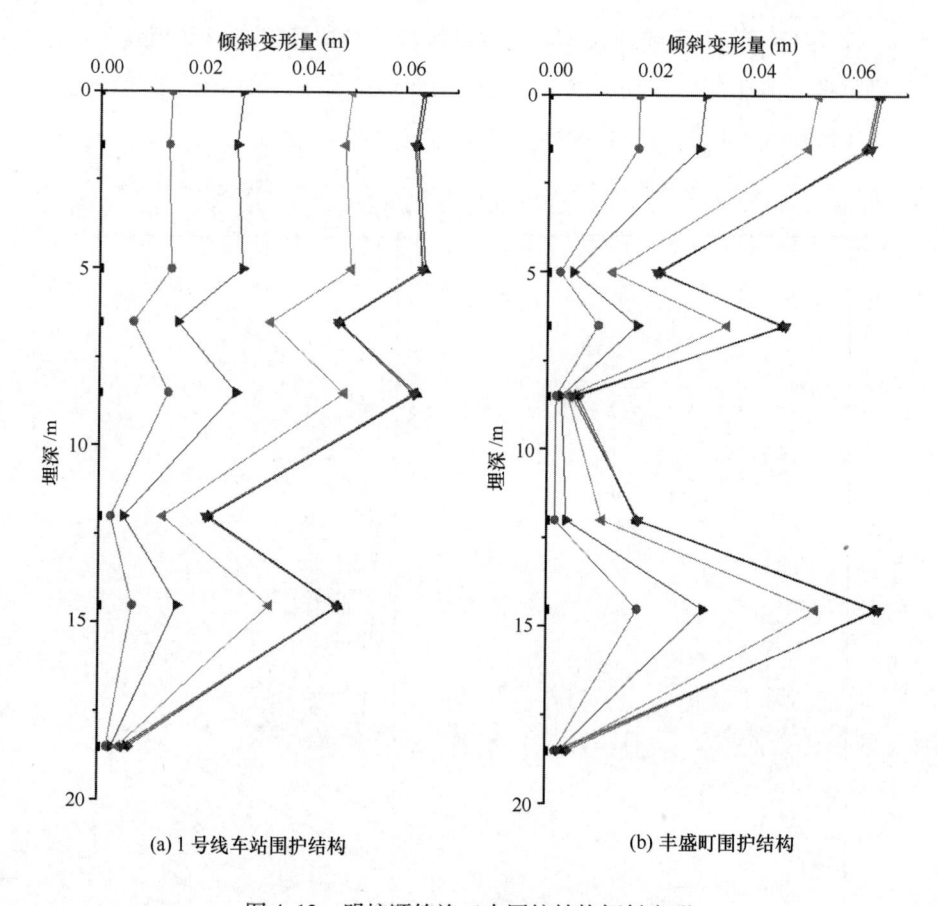

(b) 丰盛町围护结构

图 4.13 明挖顺筑施工中围护结构倾斜变形

(a) 1号线车站围护结构

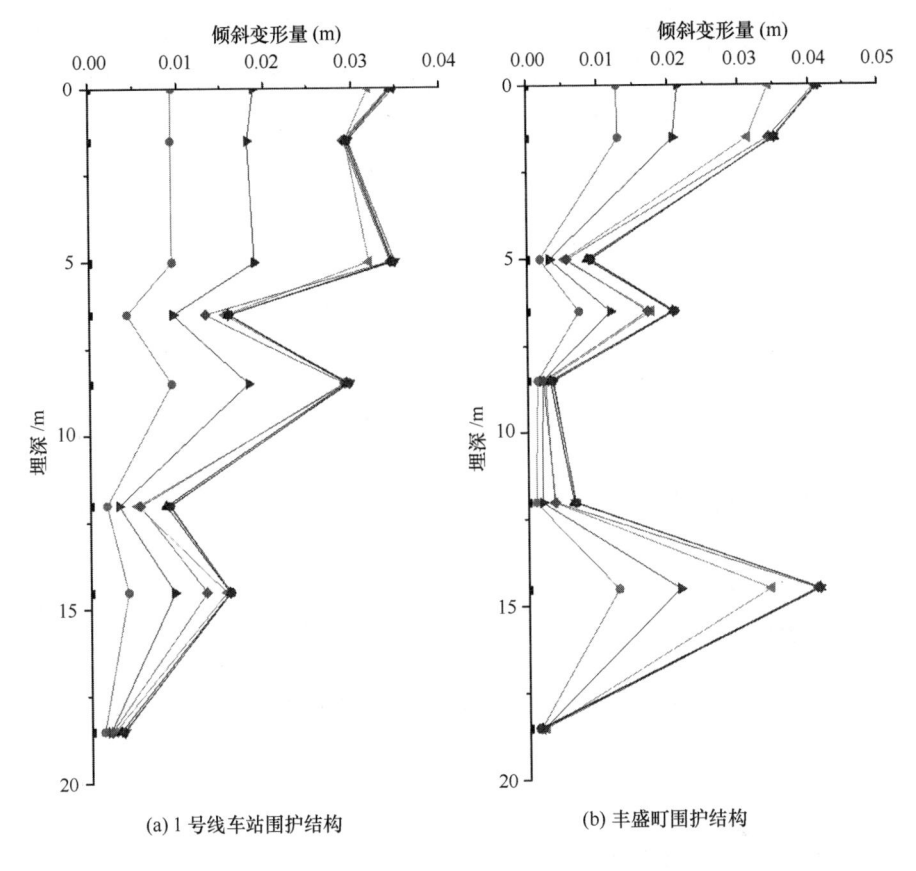

(b) 丰盛町围护结构

图4.14 盖挖逆筑施工中围护结构倾斜变形

4.4 小结

针对在建地铁车站侧穿既有地下结构施工过程，采用 Plaxis 有限元程序，通过分析明挖顺筑法和盖挖逆筑法两种施工过程模拟，分别探讨了是否有地下水作用下的深基坑支护体系、两侧既有地下结构体的应力应变特征，得到了结论如下。

4.4.1 地下水对于深基坑建设的影响分析

（1）随着施工降水的进行，地下水渗透对在建基坑底部和两侧既有地下结构底部的作用越加明显。

（2）两种施工工法相比较，盖挖逆筑法更能有效地降低地下水对基坑施工建设的影响。这是由于当采用明挖顺筑法施工时，地下水渗透趋势为从基坑两侧毗邻地下结构底部流向基坑施工作业面底部，并从底部向上渗透。由于施工区域周围地下水是绕过丰盛町和原有1号线地铁车站结构的底部流向在建深基坑施工作业面，随着施工工序的开展（即在建车站基坑内地下水位的降低），地下水绕行趋势越来越明显，从而造成丰盛町结构和原有1号线地铁车站结构远离在建车站基坑的一侧所受到地下水作用要比紧邻一侧显著，致使两个毗邻地下结构产生了较大的向基坑内侧的水平位移趋势。而当采用盖挖逆筑法施工时，其渗流场趋势除第一道支撑相似之外，第二、三道支撑工序中，地下水渗流对毗邻地下结构的作用相对明挖顺筑法的影响小，从而也造成两侧毗邻地下结构的变形趋势相对明挖顺筑法的影响小。

4.4.2 施工工法对于深基坑建设的影响分析

（1）两种施工工法，除第一道支撑建设过程毗邻地下结构的变形矢量相同之外，第二、三道支撑建设过程中，当采用明挖顺筑法施工时，其整体结构变形趋势为向基坑内水平位移，其中丰盛町结构位移趋势较1号线地铁车站明显；当采用盖挖逆筑法施工时，其整体结构变形趋势除向基坑内水平位移外，还有顶部回填土与已建成结构体的竖向位移趋势，其中丰盛町结构位移趋势较1号线地铁车站明显。

（2）两种施工方法相比较，盖挖逆筑法所产生的位移趋势相对于明挖顺筑法所产生的位移趋势较小。

4.4.3 在建地铁车站深基坑围护结构倾斜变形分析

（1）随着深基坑建设的进行，基坑两侧围护结构倾斜变形量逐渐增大。

（2）靠近原有1号线地铁车站的深基坑围护结构倾斜变形量最小值位于距离围护结构顶部约$2/3L$（L为围护结构长度）处；而靠近丰盛町地下商业街的深基坑围护结构倾斜变形量最小值位于距离围护结构顶部约$1/2L$处，这是由于丰盛町地下结构原有埋深深度与1号线地铁车站、在建地铁车站相比较浅，且其围护结构底端基本与在建地铁车站围护结构中部在同一深度，又由于两个围护结构体紧邻，从而相互影响、相互作用，使在建地铁车站围护结构在此处倾斜变形量最小。

（3）靠近原有1号线地铁车站的深基坑围护结构倾斜变形量相对于靠近丰盛町地下商业街的深基坑围护结构倾斜变形量要小。

（4）盖挖逆筑法施工所产生的影响要比明挖顺筑法施工产生的影响较小。

5 基于模型试验方法的在建车站侧穿既有地下结构的变形规律研究

5.1 概述

地质力学模型试验是根据相似原理对特定工程地质问题进行缩尺模拟研究的一种方法，主要用来研究各种建筑物及其地基、高边坡、地下洞室等结构在外荷载作用下的变形形态、稳定安全度和破坏机制等。这些模型可定性或定量地反映天然岩体受力特性和与之相联系的建筑物的相互影响，可与数学模型相互验证。尤其重要的是它可以比较全面真实地模拟复杂的地质构造，发现一些新的力学现象和规律，为建立新的理论和数学模型提供依据[64,65]。

地质力学模型试验能较好地模拟复杂工程的施工工艺，荷载的作用方式及时间效应等，能研究工程的受力全过程，从弹性到塑性，一直到破坏。与数值计算结果相比，它所给出的结果形象、直观，能给人以更深刻的印象。正是由于地质力学模型试验技术具有上述独特的优越性，才被国内外岩土工程界广泛重视和应用[66]。本文通过建立深基坑施工力学模拟的地质力学模型试验装置，研究了新建地铁车站深基坑建设对紧邻既有地下结构的施工全过程的稳定性，并得出了深基坑围护结构的变形规律，又与实测数据、数值计算方法进行了对比分析。

5.2 模型试验的相似理论

相似理论是说明自然界和工程中各种相似现象相似理论的学说。它的理论基础，是关于相似的三个定理：① 相似第一定理（相似正定理）；② 相似第二定理（Ⅱ定理）；③ 相似第三定理（相似逆定理）。模型试验中，只有按此三定理去考虑试验方案、设计模型组织实施试验以及将试验所得的数据换算到原型上去,才能获得符合客观实际的结果[67]。

5.2.1 相似判据的推导

根据弹性理论的基本方程和边界条件求相似判据[67]。设模型与原型各同类物理量间的相似常数如下:

应力相似常数:

$$C_d = \frac{\sigma_p}{\sigma_m} = \frac{\tau_p}{\tau_m} \tag{5.1}$$

应变相似常数:

$$C_\varepsilon = \frac{\varepsilon_p}{\varepsilon_m} = \frac{v_p}{v_m} \tag{5.2}$$

位移相似常数:

$$C_\delta = \frac{u_p}{u_m} = \frac{v_p}{v_m} = \frac{w_p}{w_m} \tag{5.3}$$

时间相似常数:

$$C_t = \frac{t_p}{t_m} \tag{5.4}$$

分布荷载相似常数:

$$C_p = \frac{p_p}{p_m} \tag{5.5}$$

单位体积力相似常数:

$$C_f = \frac{f_p}{f_m} \tag{5.6}$$

(1) 由平衡微分方程求相似判据

对原型的三个静力平衡微分方程写成张量的形式为

$$[\sigma_{ij,j} + f_i]_p = O \tag{5.7}$$

当然,模型也满足上述三个平衡微分方程。如将原型与模型相应各物理量间的关系代入式(5.7),并考虑到方程中微分号不改变其物理意义,则有

$$\frac{C_\sigma}{C_l}[\sigma_{ij,j} + C_f f_i]_m = 0 \tag{5.8}$$

对比式(5.7)和式(5.8),各有关的物理量都要用相同的关系方程

来描述，并应使其相似指标等于1，即

$$\frac{C_\sigma}{C_l C_f} = 1 \tag{5.9}$$

则相似判据为

$$\pi_1 = \frac{\sigma}{lf} \tag{5.10}$$

2. 由物理方程求相似判据

弹性变形范围内应力状态下的应力应变关系为

$$(\varepsilon_{ij})_p = C_{ijkl}\sigma_{kl} = \left(\frac{S_{ij}}{2G} + \frac{1-2\mu}{\varepsilon}\sigma_m \delta_{ij}\right)_p \tag{5.11}$$

式中

$$\sigma_m = \frac{1}{3}\sigma_{ij}$$

$$S_{ij} = \sigma_{ij} - \frac{1}{3}\sigma_{kk}\sigma_{ij}$$

将有关相似常数代入式（5.11），即得模型的应力应变关系式

$$C_s(\varepsilon_x)_m = \frac{1}{C_E C_\varepsilon}[C_\sigma \sigma_x - C_\sigma X_\mu(\sigma_y + \sigma_z)]_m \tag{5.12}$$

整理后为

$$(\varepsilon_x)_m = \frac{1}{E_m}\left[\frac{C_\sigma}{C_E C_\varepsilon}\sigma_x - \frac{C_\sigma C_\mu}{C_E C_\varepsilon}(\sigma_y + \sigma_z)\right]_m \tag{5.13}$$

因相似指标等于1，有

$$\frac{C_\sigma}{C_E C_\varepsilon} = 1 \qquad \frac{C_\sigma C_\mu}{C_E C_\varepsilon} = 1 \tag{5.14}$$

为使模型与原型相似，必须同时满足式（5.14），即须使 $C_u = 1$，则相应的相似判据为

$$\pi_2 = \frac{\sigma}{\varepsilon E} \tag{5.15}$$

3. 由几何方程相似判据

根据三维问题的六个几何方程，对于原型的线应变和剪应变有

$$(\varepsilon_{ij})_p = \frac{1}{2}(u_{i,j} + u_{j,i})_p \quad (i,j = x,y,z) \tag{5.16}$$

将有关的相似常数代入式（5.16）的任一式，所求得的相似判据均相

同，由第一式可得表示模型的线应变公式

$$C_\varepsilon(\varepsilon_x)_m = \frac{C_\delta}{C_l}\left(\frac{\partial u}{\partial x}\right)_m \tag{5.17}$$

因相似指标为 1，即

$$\frac{C_\delta}{C_\varepsilon C_l} = 1 \tag{5.18}$$

则得相似判据为

$$\pi_3 = \frac{\delta}{\varepsilon l} \tag{5.19}$$

（4）由边界条件求相似判据

原型的三个边界条件为

$$(P_i)_p = (\sigma_{ij} l_j)_p \quad (i,j = x,y,z) \tag{5.20}$$

同理，将相应的相似常数代入式（5.20），均可求得相同的相似指标和相似判据，因模型边界上的作用力方向与原型上边界作用力方向保持相同，即在边界点上 x、y、z 坐标轴与外法线 N 的夹角余弦保持同一数值，则有

$$\frac{C_p}{C_\sigma}(p_x) = (\sigma_x l + \tau_{xy} m + \tau_{xz} n)_m \tag{5.21}$$

其相似指标为

$$\frac{C_p}{C_\sigma} = 1 \tag{5.22}$$

相应的相似判据为

$$\pi_4 = \frac{p}{\sigma} \tag{5.23}$$

5.2.2 模型试验相似理论

总之，地质力学模型试验所应用的相似理论如下：

（1）应力相似比尺 C_σ、容重相似比尺 C_r 和几何相似比尺 C_L 之间的相似关系：

$$C_\sigma = C_r C_L \tag{5.24}$$

（2）位移相似比尺 C_δ、几何相似比尺 C_L 和应变相似比尺 C_ε 之间的相似关系：

$$C_\delta = C_\varepsilon C_L \tag{5.25}$$

（3）应力相似比尺 C_σ、弹模相似比尺 C_E 和应变相似比尺 C_ε 之间的相似关系：

$$C_\sigma = C_\varepsilon C_E \tag{5.26}$$

（4）地质力学模型试验要求所有无量纲物理量（如应变、内摩擦角、摩擦系数、泊松比等）的相似比尺等于1，相同量纲物理量的相似比尺相等，即：

$$\left.\begin{array}{l} C_x = 1, C_f = 1, C_\phi = 1, C_\mu = 1 \\ C_\sigma = C_E = C_c = C_{\sigma c} = C_{\sigma t} \end{array}\right\} \tag{5.27}$$

5.3 相似材料的研制及相关力学试验

在进行模型试验之前，首先就应该选择符合条件的相似材料。由于模型的对象（原型）的物理力学性能千差万别，所以相似材料的选择必须遵循不同的相似要求。但在实际工作中，要同时满足所有的相似条件是不可能的，因此，只能尽量满足主要参数的相似要求，次要的参数可以尽量接近所需要的要求[68,69]。

大量实验表明：用单一的天然材料作为相似材料的应用面有限。通常是用若干天然材料（铁精粉，重晶石粉，石膏粉，石灰粉，石英砂，河砂，黏土，木屑等），和人工材料（水泥，氧化锌，石蜡，松香，酒精，白乳胶，树脂等）按照一定的比例配制而成。因此，相似材料一般是多种材料的混合物。混合物的成分和配比要经过大量的配比试验才能满足。

一般而言，理想的相似材料应具备以下条件：

（1）均匀、各向同性；

（2）力学性能稳定，不易受环境条件（温度、湿度等）的影响；

（3）改变原料配比，相似材料的力学性能的变化不是很大，这可保证材料的力学性能的稳定性，有利于反复多次的进行试验；

（4）便于模型的加工及制作成型；

（5）易于实施量测数据（包括在成型的材料表面粘贴应变片，光栅等）；

(6) 取材方便, 价格便宜。

相似材料的选择, 必须兼顾各个方面, 应考虑到所有可能影响试验结果的因素, 权衡轻重, 力求把因材料性质导致的模型畸形变减到最低程度。以上是对所有相似材料的共同要求, 对于不同的模拟对象, 还有各不相同的特殊要求。

5.3.1 相似材料的研制

依据工程勘察资料与现场地质调研, 本次模型试验详细来说, 要选择两种相似材料: 主体部分相似材料, 既有地下结构体相似材料。主体部分相似材料要用来模拟原岩土介质, 既有地下结构相似材料用来模拟 C25 规格的混凝土。

首先, 主体部分选取石蜡、液压油、滑石粉、砂、黏土为主要材料, 组成本文模型试验所需的相似材料。其中 54#石蜡作为胶结剂, 其熔点较低, 便于相似材料的配制, 以石蜡为胶结剂的模型材料的配制需要加热, 因此无论是试件的制作还是模型的填筑, 相似材料成型冷却硬化之前都要保持一定温度。

相似材料试块具体制作步骤如下:
(1) 材料过筛, 保证黏土和砂的粒径小于 1 mm;
(2) 按配比称取黏土、砂和石蜡等各组分材料;
(3) 将石蜡放入电热锅中加热熔化;
(4) 将黏土、砂和滑石粉倒入搅拌机中搅拌均匀;
(5) 将搅拌均匀的黏土、砂和滑石粉倒入熔化的石蜡中并加入适量液压油搅拌均匀;
(6) 称取适量的材料装入模具迅速击实;
(7) 等待试块成型后脱模;
(8) 给成型的试块贴好标签;
(9) 常温下冷却 24 h 后测试其相关物理力学参数及渗透系数。

试块制作过程中有关温度的控制需要特别注意: 熔化石蜡的温度不宜过高, 防止破坏石蜡的物理性质, 搅拌过程温度保持在 100℃左右为宜, 搅拌完成后材料应放入恒温箱并使其温度保持在大约 65℃, 因为装模时材料温度不同, 试件成型后的物理力学性质也大不相同。试验所用的模具如

图 5.1 所示，所压制的部分试块如图 5.2 所示。

图 5.1 双开模具

图 5.2 不同配比试块

其次，既有地下结构部分只需要弹性模量满足相似比要求即可，因此该部分相似材料只需要通过改变主体相似材料的配合比就容易得到。

5.3.2 相似材料的力学试验

试件的相关力学参数测试在压力试验机和 ZJ-4A 型应变控制式直剪仪上进行，压力试验机如图 5.3 所示，ZJ-4A 型应变控制式直剪仪如图 5.4 所示。

待试件在常温下放置 24h 彻底冷却硬化后，在进行试件力学参数的测

图 5.3 力学测试所用的试验机

图 5.4 ZJ-4A 型应变控制式直剪仪

试前先将试块称重,量测其高度,并对试件的高度、质量、体积以及容重的情况做详细的记录,部分试块的容重统计情况见表 5.1。

表 5.1 部分试块的容重统计情况

试块编号	高度(cm)	质量(g)	体积(cm^3)	容重(g/cm^3)	试块编号	高度(cm)	质量(g)	体积(cm^3)	容重(g/cm^3)
1	9.80	402.00	192.32	2.09	14	11.10	461.00	217.84	2.12
2	10.00	402.40	196.25	2.05	15	10.45	425.00	205.08	2.07
3	10.30	408.10	204.10	2.02	16	10.90	450.00	213.91	2.10

续表 5.1

试块编号	高度(cm)	质量(g)	体积(cm³)	容重(g/cm³)	试块编号	高度(cm)	质量(g)	体积(cm³)	容重(g/cm³)
4	9.90	408.00	194.29	2.10	17	10.70	428.00	209.99	2.04
5	10.00	438.00	196.25	2.23	18	10.60	425.00	208.03	2.04
6	10.30	446.00	202.14	2.21	19	10.25	389.00	201.16	1.93
7	9.80	431.00	192.33	2.24	20	10.50	403.00	206.06	1.96
8	10.10	437.00	198.21	2.20	21	10.85	408.00	212.93	1.92
9	11.00	406.00	215.88	1.88	22	10.50	411.00	206.06	1.99
10	11.00	406.00	215.88	1.88	23	10.50	407.00	206.06	1.98
11	9.85	420.00	193.31	2.17	24	10.30	427.00	202.14	2.11
12	10.20	407.00	200.18	2.03	25	10.05	420.00	197.23	2.13
13	10.60	406.00	208.03	1.95	26	10.50	441.00	206.06	2.14

然后，在各种仪器上对试块进行力学参数的测试，要测试的力学参数包括相似材料的弹模 E、泊松比 μ、抗压强度 σ_c、抗拉强度 σ_t、内摩擦角 ϕ、黏聚力 C（见图 5.5~图 5.8）。

图 5.5 试件的泊松比 μ 测试

通过研发模型试验相似材料，得到该试验材料具有如下优点：
(1) 相似材料低强度和低弹模；

图 5.6 巴西劈裂法测试件的抗拉强度

图 5.7 相似材料的直剪试验

（2）材料的渗透系数变化范围较大；

（3）材料性能稳定，不受环境湿度影响，不生锈，具有很高的绝缘性；

（4）材料力学参数易于调节，如通过改变石蜡含量可以很大幅度调整材料的弹模和强度。

（5）材料没有任何毒副作用，不会对人体造成伤害。

（6）由于各种材料拌和后未产生化学反应，因此试验后的材料可重复使用，这样大大提高了材料的利用率和使用寿命。

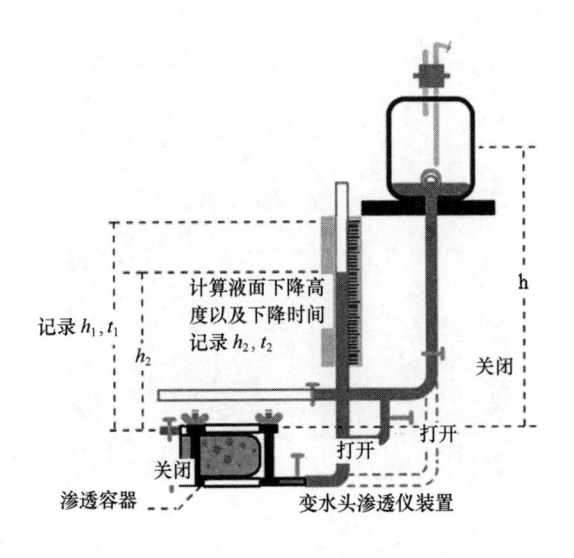

图5.8 变水头渗透仪装置示意图

5.4 模型试验装置

为了进行地铁车站深基坑开挖模型试验，设计并加工了三维模型试验装置，如图5.9所示。

图5.9 模型试验台

模型试验一般测量的数据为位移和应变。模型变形测量方法大体可归纳为3类：机械法、电测法和光测法。① 机械法主要通过百分表、千分表量测模型的变形。该方法直观，无需电源，基本不受外界干扰，结果可靠。缺点是有时受空间限制和干扰，实际测量精度不高，不能远距离观察和自动记录。② 电测法主要是指用应变片、应变仪测量模型各测点应变值，还包括用电阻式或电感式位移传感器测位移以及用电阻应变式压力传感器量测土压力及接触压力等。电测法灵敏度高，量测元件小，可同时对多点进行量测并自动记录，可远距离操作。③ 光测法即目前常用的自动网格法和基于图像搜索的方法。

试验位移的测量主要采用清华大学的微型多点位移计，它的测量精度高（可达 0.001 mm），受外界的影响小。应力的测量采用电阻应变式压力传感器（见图 5.10、图 5.11）。

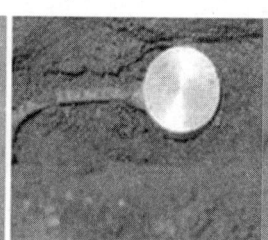

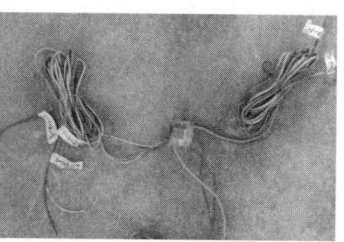

图 5.10 测试装置

图 5.11 模型试验测量仪器埋深

81

5.5 地铁车站深基坑施工过程试验研究

5.5.1 模拟范围

模型试验采用两个模型进行试验，模型 1 选取的是在建地铁车站深基坑一半和基坑一侧的既有构筑物（1 号线地铁车站或丰盛町地下商业街），如图 5.12 所示；模型 2 选取的是在建地铁车站深基坑和两侧的既有构筑物，如图 5.13 所示。

图 5.12 模型 1 埋深与开挖过程

图 5.13 模型 2 埋深与开挖过程

5.5.2 相似材料

模型试验的关键因素之一是相似材料的，根据选取的相似比 1/50，模型试验所需的模型材料与地勘报告岩土材料的参数如表 5.2 所示。

表 5.2 岩土材料与相似材料的参数对比

材料类型	容重 r kN/m³		变模 E MPa		黏聚力 c kPa		摩擦角 φ °		泊松比 μ	
	原型	模型	原型	模型	原型	模型	原型	模型	原型	模型
岩土体	19.0	19.0	20.0	0.4	35.0	0.7	28.0	28.0	0.28	0.28
混凝土	25.0	25.0	30 000	600	1.5	0.03	45	45	0.2	0.2

深基坑开挖过程中的横向支撑采用 φ4.0 的铜管来模拟；钢筋采用竹条来模拟；两侧既有地下结构均采用石膏与水泥材料来模拟。

5.5.3 试验过程

（1）模型制作

模型试验采用夯实填筑法制作，其基本流程为：

① 依据配比准备模型试验所需的各种材料；

② 用搅拌机均匀搅拌配制相似材料；

③ 在模型试验装置内，由下向上分层摊铺材料；

④ 用人工逐层夯实相似材料；

⑤ 用环刀法检测碾压后的密实度；

⑥ 在模型试验设计的关键部位埋设测量仪器（压力传感器和多点位移计）和既有地下结构；

⑦ 逐层填筑、夯实材料，直至模型顶部。

模型制作完成后，静置 20 天左右，让模型材料充分干燥，然后才能进行开挖试验，如图 5.14 所示。

（2）模型开挖

由于模型材料强度较低，深基坑开挖过程可以采用人工铲土方式进行模拟，深基坑按设计要求分为三层，并由上向下逐层开挖，第一层开挖厚度为 60 mm，第二层开挖厚度为 140 mm，第三层开挖厚度为 140 mm，每层开挖宽度为 500 mm。

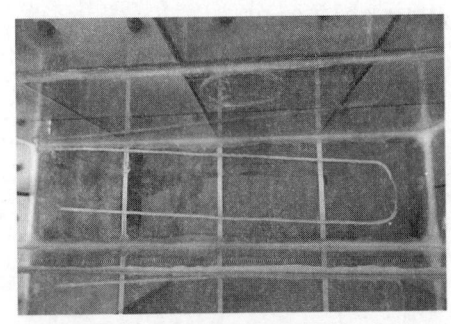

(a) 模型试验装置底部排水管 　　(b) 粘贴监测仪器

(c) 逐层夯实填充相似材料 　　(d) 预埋紧邻既有地下结构

(e) 深基坑内部填充夯实 　　(f) 调试监测设备

图 5.14　模型试验填筑过程

5.6　试验结果分析

为了能够有效地揭示在建深基坑内部岩土体和围护结构的内力与两侧既有结构的倾斜变化规律，在模型试验岩土体埋深过程中，在基坑内部每

步开挖层的岩土体中埋深微型土压力盒用于量测土体压力变化；在基坑围护结构内部埋深应力传感器用于量测围护结构内力；在两侧既有结构体上布设微型多点位移计用于量测既有结构体的倾斜变形。量测点布设如图5.15所示。

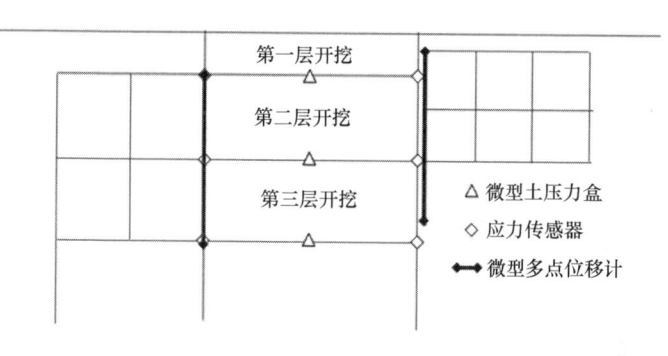

图 5.15　模型试验量测仪器布设图

5.6.1　应力分析

（1）基坑底部土压力分析

图 5.16 给出了明挖顺筑和盖挖逆筑两种工艺施工过程中深基坑中部岩土体的土压力变化特征。由图可知：① 在建地铁车站深基坑中部垂直土压力随着开挖工序的进行而减小，且每步开挖层土压力都随着该层土体开挖而变为零。② 两种施工工艺的垂直土压力变形曲线形式基本一致。

（2）深基坑围护结构的内力变化

图 5.17、图 5.18 分别给出了明挖顺筑和盖挖逆筑两种工艺施工过程中深基坑围护结构的内力变化特征。由图可知：① 对于原有 1 号线地铁车站围护结构的内力变化特征曲线来说，当深基坑采用明挖顺筑法施工时，随着开挖时间的增加，N1、N2 点基本不随时间而改变，呈水平线性变化，而 N3 点先增大后减小；当深基坑采用盖挖逆筑法施工时，随着开挖时间的增加，N1 点基本呈水平线性变化，N2 点先减小后增大，N3 点呈现波形变化——增加减小相互作用，最终为减小趋势。② 对于丰盛町围护结构的内力变化特征曲线来说，当深基坑采用明挖顺筑法施工时，N4、N5 点变化曲线基本不随开挖时间而改变，N6 点则随着开挖时间呈现波形变化——

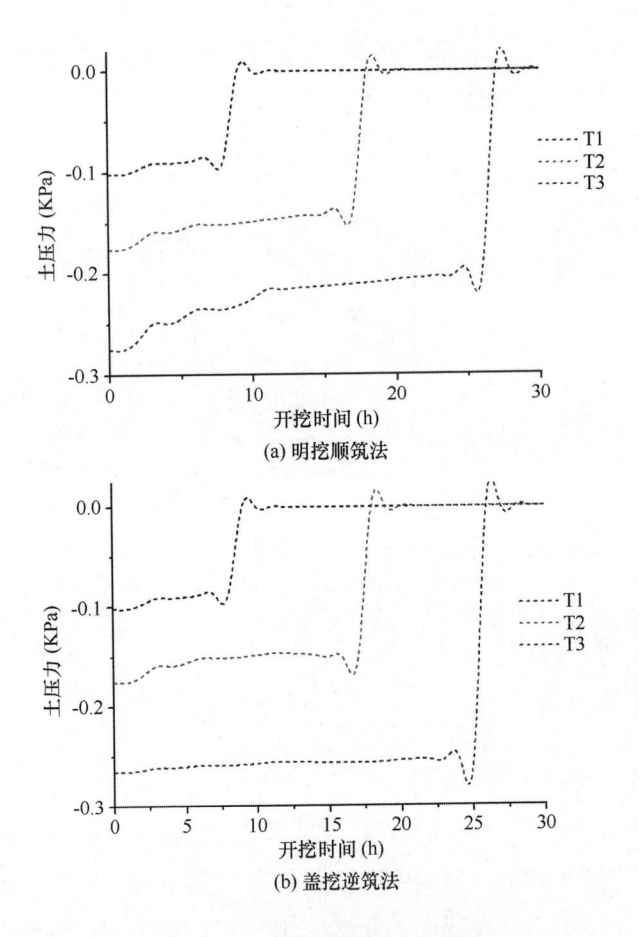

图 5.16 深基坑中部岩土体的土压力

增加减小相互作用；当深基坑采用盖挖逆筑法施工时，N4、N5 点变化曲线随开挖时间的增加而减小，N6 点则随着开挖时间的增加而增大。

综上分析可知：① 对于深基坑开挖来说，围护结构底部承受的内力要比顶部大，这是由于随着深基坑每层的开挖，围护结构上部受力逐渐被释放，且有横向支撑体系来围护，而底部埋于岩土体中，始终处于来自深基坑两侧的水平向剪切力作用，造成底部内力变化明显。② 原有 1 号线地铁车站围护结构的内力最大值要比丰盛町围护结构的内力最大值大，这是由于原有 1 号线地铁车站与在建深基坑开挖层基本位于同一高度，而丰盛町结构与第二层开挖面持平，从而造成原有 1 号线地铁车站围护结构受开挖影响时间长且作用大，从而造成围护结构内力大。

(a) 原有1号车站围护结构

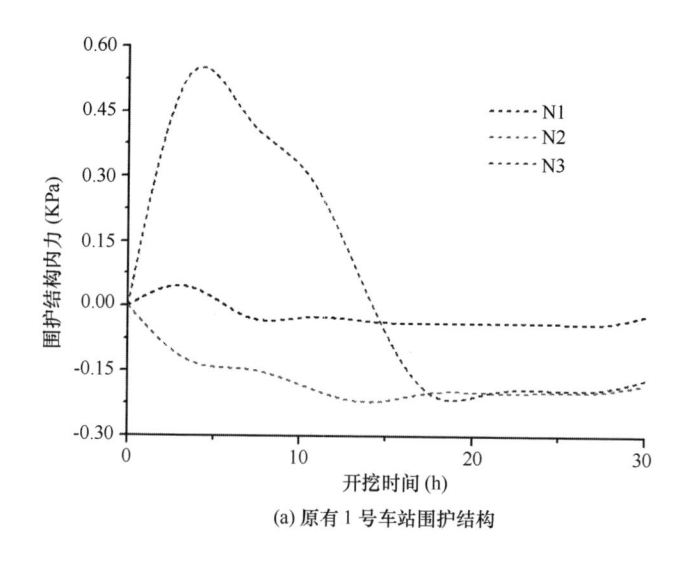

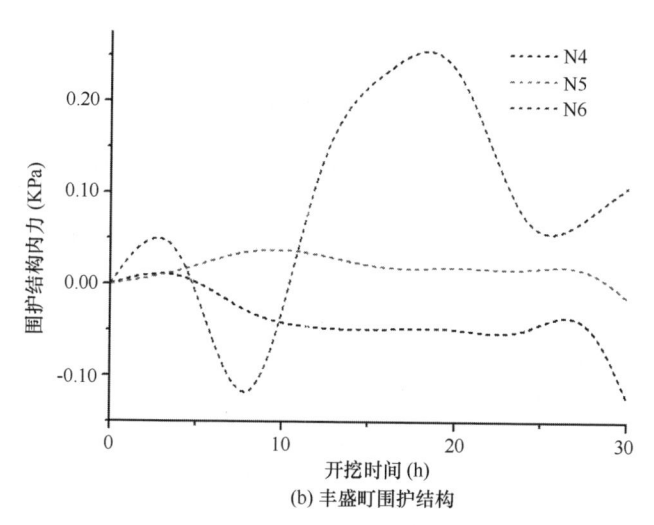

(b) 丰盛町围护结构

图5.17 明挖顺筑法施工既有结构水平应力

87

(a) 原有 1 号车站围护结构

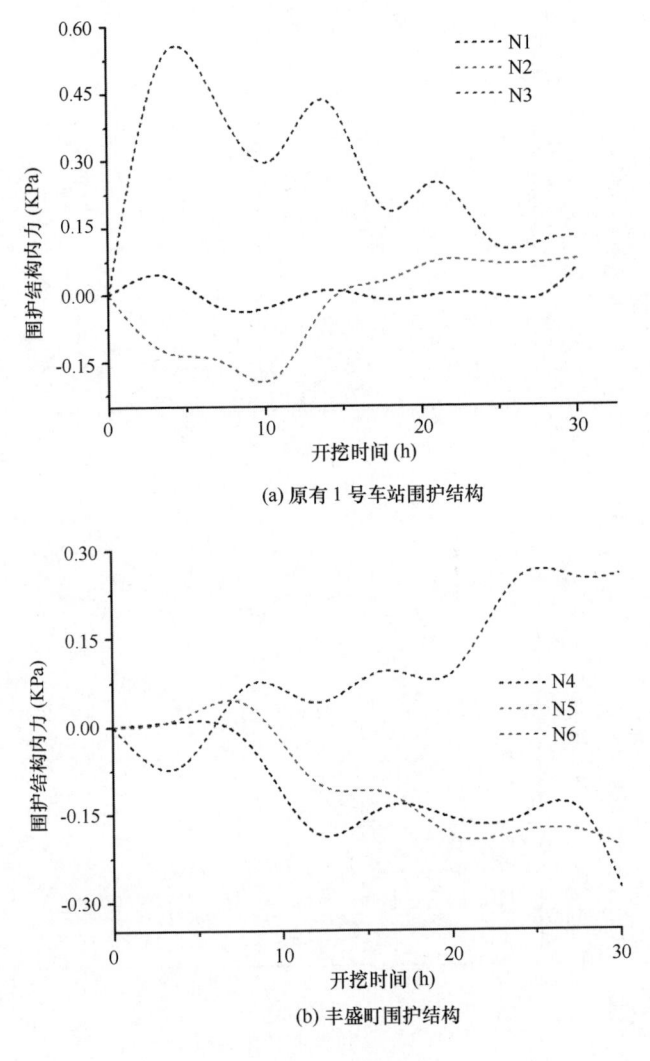

(b) 丰盛町围护结构

图 5.18　盖挖逆筑法施工既有结构水平应力

5.6.2　围护结构倾斜分析

图 5.19、图 5.20 分别给出了明挖顺筑和盖挖逆筑两种工艺施工过程中深基坑两侧既有构筑物的围护结构倾斜变化特征。由图可知：① 对于两种施工工艺来说，盖挖逆筑法施工相对明挖顺筑法施工能够有效地减小深基坑两侧既有结构的倾斜变形。② 对于深基坑两侧既有结构来说，丰盛町

商业街受在建地铁车站基坑建设的影响程度要比原有1号线地铁车站结构显著。③ 随着模型试验开挖时间的增加，深基坑两侧围护结构的倾斜变形量逐渐增大。对于明挖顺筑法来说，原有1号地铁车站围护结构倾斜变形量最大值为6.24 mm，丰盛町围护结构倾斜变形量最大值为7.86 mm；对于盖挖逆筑法来说，原有1号地铁车站围护结构倾斜变形量最大值为4.75 mm，丰盛町围护结构倾斜变形量最大值为5.74 mm。

(a) 原有1号线地铁车站围护结构

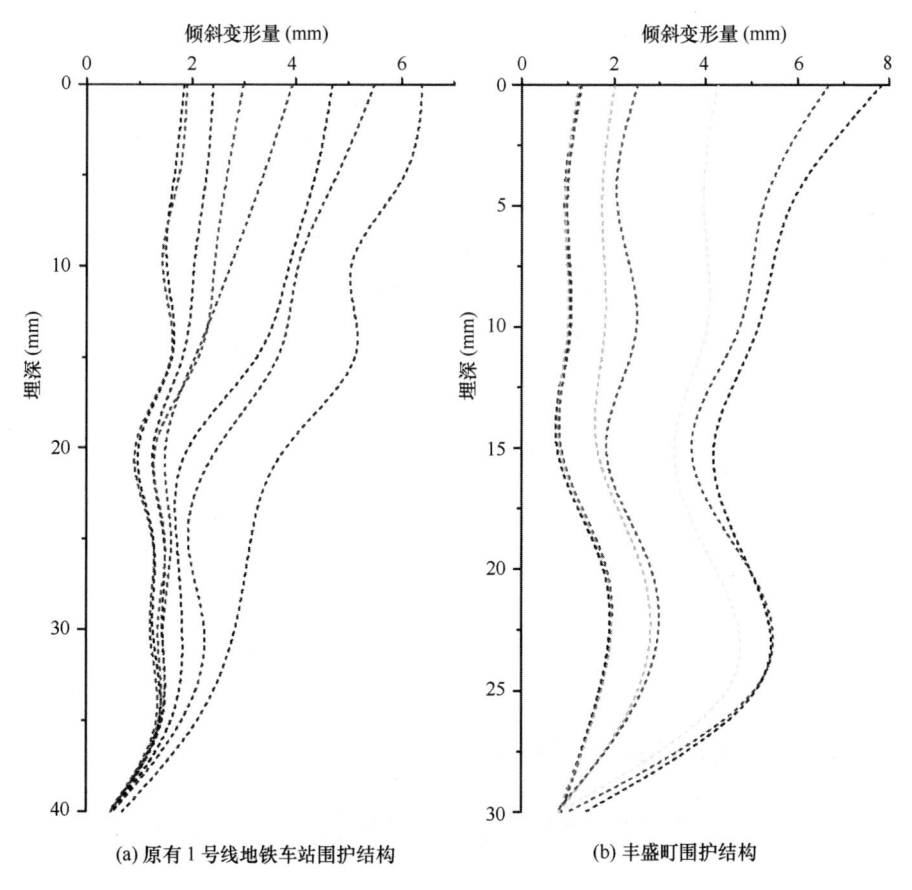

(b) 丰盛町围护结构

图 5.19 明挖顺筑法施工对既有结构的倾斜变形

89

(a) 原有1号线地铁车站围护结构　　　(b) 丰盛町围护结构

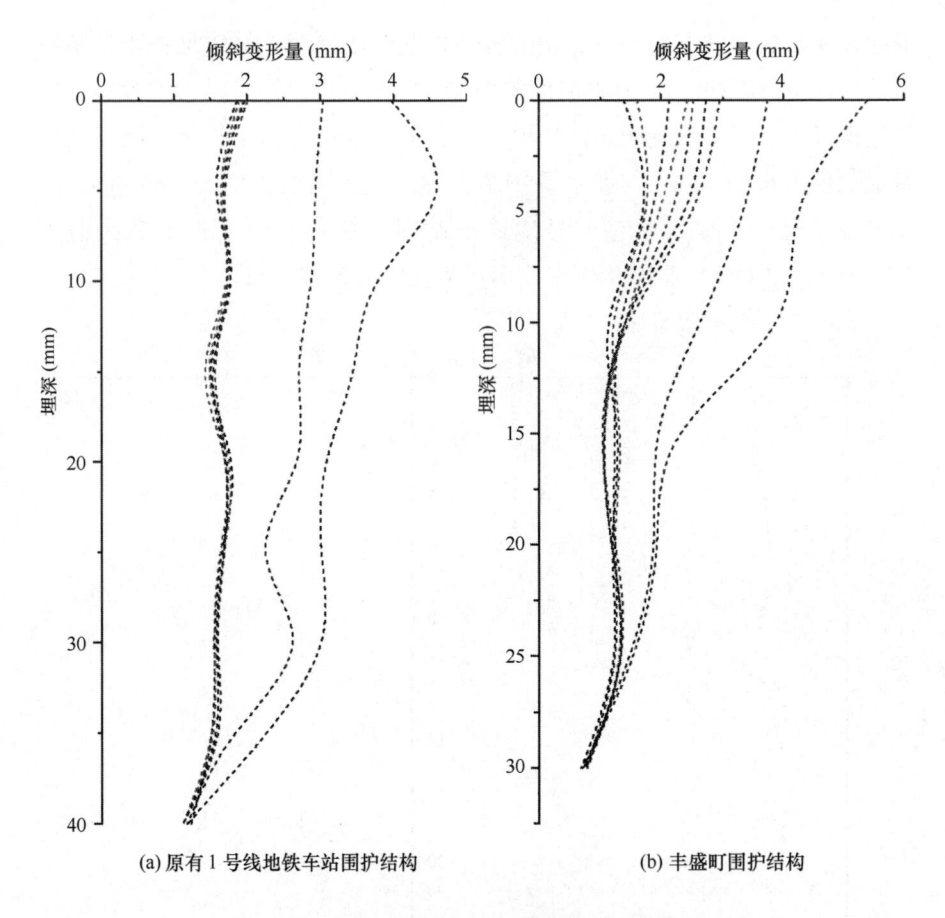

图 5.20　盖挖逆筑法施工对既有结构的倾斜变形

5.6.3　既有地下结构失稳模式

图 5.21 给出了深基坑模型试验开挖过程中两侧既有地下结构的失稳破坏型式。由图可知：① 在建深基坑两侧既有地下结构的失稳破坏型式基本相似，均向基坑内侧倾斜变形。这是由于土体开挖卸荷之后，既有地下结构另一侧在土压力作用下，向卸荷一方产生水平推力，从而造成倾斜变形。② 丰盛町商业街倾斜变形趋势要比原有 1 号线地下结构显著。这是由于丰盛町商业街埋深浅，随着深基坑开挖卸荷不断增大，其底部悬空距离逐渐增大。与原有 1 号线地铁车站相比，在另一侧相同土压力作用下，其倾斜变形量较大。

(a) 原有1号线地铁车站结构　　　　　　(b) 丰盛町地下商业街

图 5.21　既有地下结构失稳模式

5.7　小结

通过建立深基坑开挖过程的施工力学模型试验装置，针对明挖顺筑和盖挖逆筑两种施工工法的试验模拟，研究了深基坑内部土压力、围护结构内力与既有结构的倾斜变化规律，其研究成果如下：

（1）两种施工工艺作用下的深基坑内部土压力变形曲线形式基本一致。在建地铁车站深基坑中部垂直土压力随着开挖工序的进行而减小，且每步开挖层土压力都随着该层土体开挖而变为零。

（2）两种施工工艺作用下的围护结构内力变形曲线形式不同。

① 围护结构底部承受的内力要比顶部要大。

② 原有1号线地铁车站围护结构的内力要比丰盛町围护结构的内力大。

（3）两种施工工艺作用下的既有结构倾斜变形曲线形式不同。

① 对于两种施工工艺来说，盖挖逆筑法施工相对明挖顺筑法施工能够有效地减小深基坑两侧既有结构的倾斜变形。

② 对于深基坑两侧既有结构来说，丰盛町商业街受在建地铁车站基坑建设的影响程度要比原有1号线地铁车站结构显著。

（4）既有结构失稳破坏模式。

① 在建深基坑两侧既有地下结构的失稳破坏型式基本相似，均向基坑

内侧倾斜变形。

② 丰盛町商业街倾斜变形趋势要比原有 1 号线地下结构显著。这是由于丰盛町商业街埋深浅，随着深基坑开挖卸荷不断增大，其底部悬空距离逐渐增大。与原有 1 号线地铁车站相比，在另一侧相同土压力作用下，其倾斜变形量较大。

6 在建车站侧穿既有地下结构的变形控制措施研究

6.1 车公庙交通枢纽施工方案与方法

6.1.1 总体施工方案

车公庙交通枢纽工程主要工作内容包括 11 号线车公庙车站，7、9 号线车公庙车站，1、11 与 7、9 号线车公庙站换乘大厅，物业开发工程，11 号线车公庙站—红树湾站区间，7 号线农林站—车公庙站区间，9 号线香梅站—车公庙站区间等七个独立单元工程。根据工程特点、方便组织管理及施工，车站与区间相对独立平行组织实施，多个作业面平行推进。车站主要按照先主体后附属的原则组织施工，主体结构施工优先考虑端头为盾构机吊出提供条件。施工过程中加强临近建（构）筑物的保护（见图 6.1）。总体施工方案如下：

（1）11 号线车公庙站主体结构采用盖挖逆筑法施工，附属工程采用明挖顺作法；7、9 号线车公庙站主体结构以盖挖逆筑法为主，局部结构和附属工程采用明挖顺筑法施工；

（2）换乘大厅主体结构采用盖挖逆筑法施工；物业开发工程主体结构采用明挖顺筑法施工；

（3）11 号线车公庙站—红树湾站区间主体结构主要采用土压平衡盾构工法施工，其中盾构始发井与轨排井采用地连墙+内支撑明挖法施工，中间风机房采用地连墙+内支撑明挖法施工，欢乐海岸硬岩段采用暗挖爆破提前处理。

（4）7 号线农林站—车公庙站区间主体结构主要采用土压平衡盾构工法，左线进车公庙站前有 570 m 矿山法盾构空推拼管片隧道，2#联络通道及竖井采用地下连续墙+内支撑支护明挖顺作法施工。

（5）9号线香梅站—车公庙站区间主体结构主要采用土压平衡盾构工法，车站主体及换乘大厅、物业开发围护结构为地下连续墙，地下连续墙采用液压抓斗跳挖成槽，下部岩层采用冲抓法成槽，履带起重机吊装钢筋笼，水下灌注混凝土成墙。

（6）施工降水采用基坑内管井降水，随基坑开挖深度在基坑四周和中部设排水沟、集水井排水。

（7）基坑开挖采用纵向分段、水平分层，利用盾构井和换乘大厅各层楼板预留孔洞、安设龙门吊配合抓斗垂直提升碴土至临时储碴场，自卸汽车远运弃碴。主体结构采用纵向分段、分块，先板后墙流水逆作，各层楼板采用M20砂浆+宝丽板作为地模，侧墙采用三脚架配大块模板支撑体系，泵送商品混凝土入模。

（8）车站结构防水等级为一级，以结构自防水为主。

6.1.2 车站主体围护结构施工方案

车站围护结构——地下连续墙导墙施工采用SAGA液压破碎锤将导墙位置处混凝土路面破除，PC200挖机开挖，人工清底，钢筋现场绑扎，采用组合钢模，商品混凝土泵送入模。地下连续墙围护结构采用液压抓斗槽壁机辅以冲击钻机进行成槽施工，上部土层采用液压抓斗槽壁机抓挖成槽，下部岩层采用冲击钻机冲孔成槽，泥浆护壁，钢筋笼现场整幅制作，两台履带起重机（主吊100t，副吊50t）吊起入槽，双导管灌注水下混凝土。其中11号线车公庙车站地下连续墙厚800 mm，宽度约为6.0 m。

11号线、7、9号线车站站围护结构连续墙顶设置冠梁，将每幅连续墙连接为整体；冠梁采用木模板支模、现场绑扎钢筋、商品混凝土现浇、插入式捣固器振捣密实。冠梁随连续墙的施工进度分段施作。

车公庙交通枢纽车站主体施工中，明挖段采用钢支撑支护，支撑采用$\varphi 609$（$t=16$ mm）钢管支撑；第一道支撑采用$\varphi 609$（$t=12$ mm）钢管支撑，第二、三道支撑采用$\varphi 609$（$t=16$ mm）钢管支撑。在支撑架设前，必须采用网喷砼喷射平顺便于围檩架设，先架设钢围檩，然后再进行钢支撑的安装。车站主体所采用的围檩为双拼HN700 mm×300 mm×13 mm×24 mm。

图 6.1 施工流程图

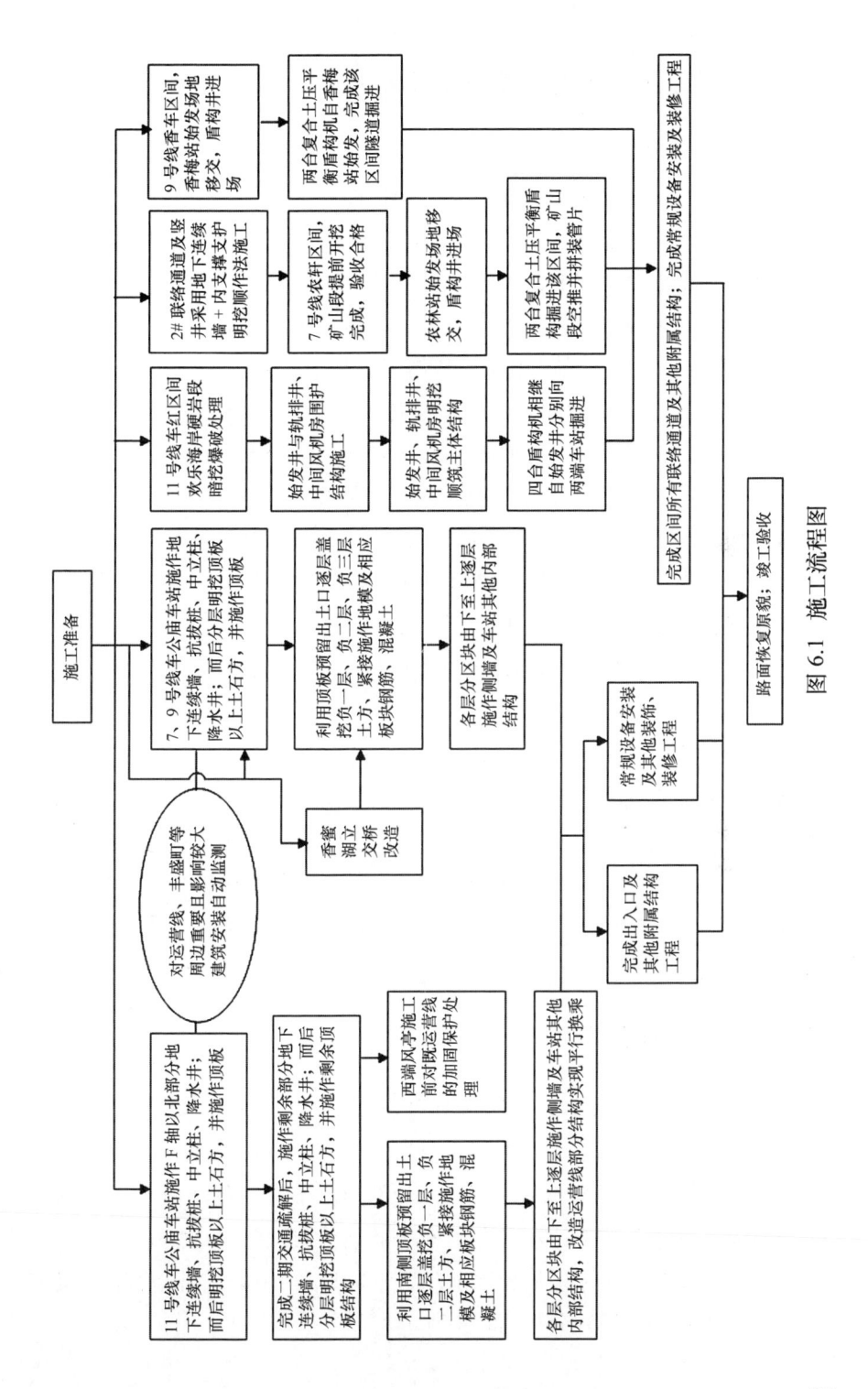

6.1.3 车站基坑降水与土石方工程施工

（1）基坑降水

车站深基坑降水采用降水管井法施工降水。

基坑开挖中基础排水主要采用明沟排水方式，挖集水坑，排水沟引排，泥浆泵抽至地面沉淀池，经过沉淀后排入污水管网。

（2）土石方施工

新建11号线车公庙站采用盖挖法施工，7、9号线车公庙站采用盖挖局部明挖法施工，换乘大厅采用盖挖法施工，物业开发区采用明挖法施工。基坑开挖中，其纵横向边坡放坡根据地质、环境条件取开挖时的安全坡度，必须分段、分区、分层、对称进行，不得超挖。

① 明挖顺筑法。

先用反铲挖掘机配合液压破碎锤破除道路混凝土路面，然后采用反铲挖掘机直接挖装土体至自卸汽车内，存放于临时堆土场于夜间外运。11号线车公庙站与7、9号线车公庙站明挖土体从东、西端盾构井处开始向中间开挖。

② 盖挖逆筑法。

顶板以下的盖挖土体通过钢筋混凝土顶板设置的预留出土口采用垂直提升设备提升至地面，然后外运。各层盖挖土体采用PC220反铲开挖，挖机甩土转运至出土口。每个出土口配备4~5台PC220挖机及龙门吊+抓斗。土方施工与结构段纵向划分相继分段开挖，结构段施工紧跟土方开挖及施作支撑连续墙。

6.1.4 车站主体结构施工

11号线车公庙站根据施工区段划分原则，将车站划分21个结构段，由车站两端头往中间施工；11号线车公庙站结构段划分如图6.2所示。

7、9号线车公庙站根据施工区段划分原则，将车站划分21个结构段，由车站两端头往中间施工；7、9号线车公庙站结构段划分如图6.3所示。

换乘大厅根据施工区段划分原则，划分为11个结构段，由两端往中间施工。换乘大厅结构段划分如图6.4所示。

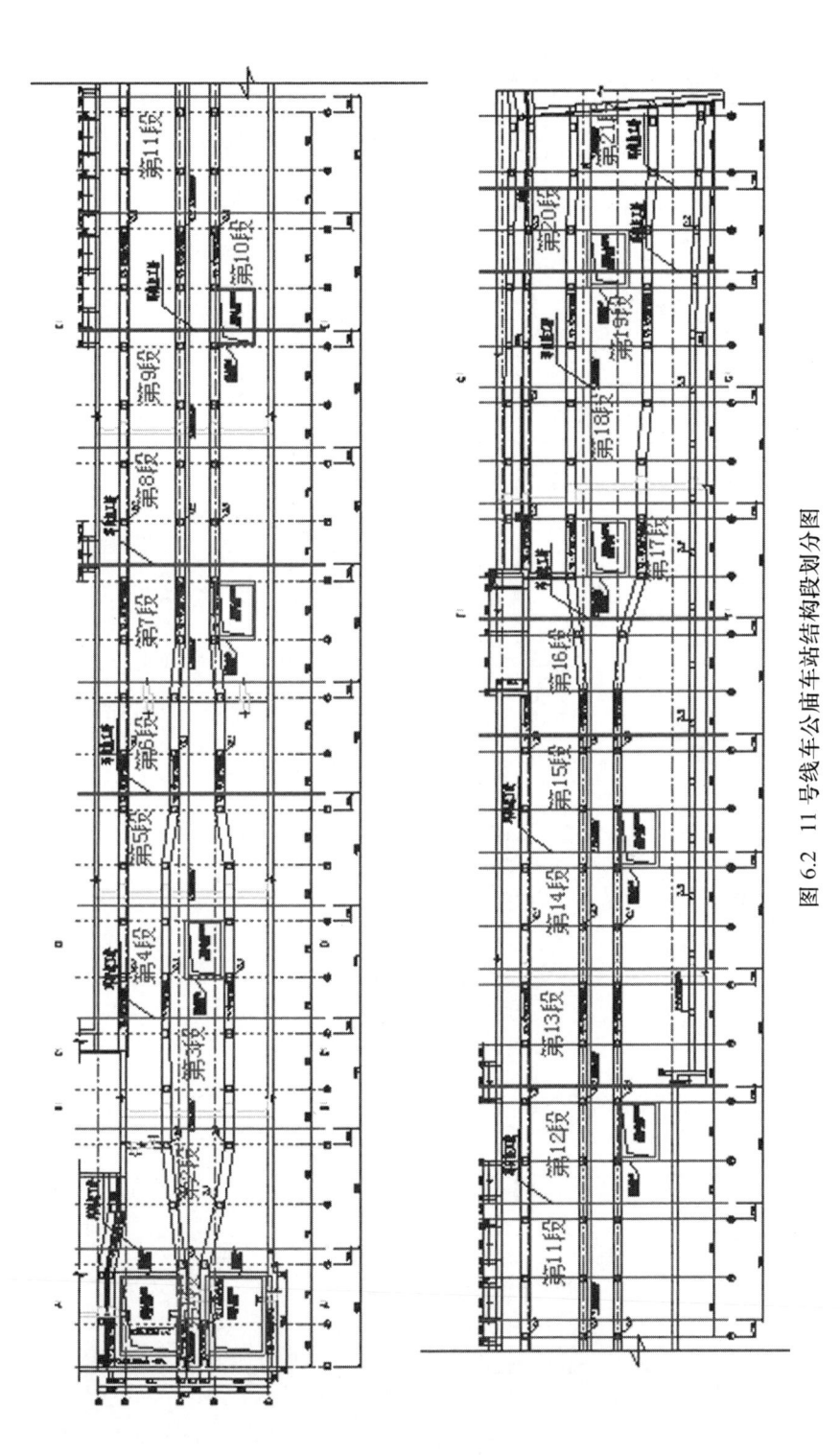

图 6.2 11 号线车公庙车站结构段划分图

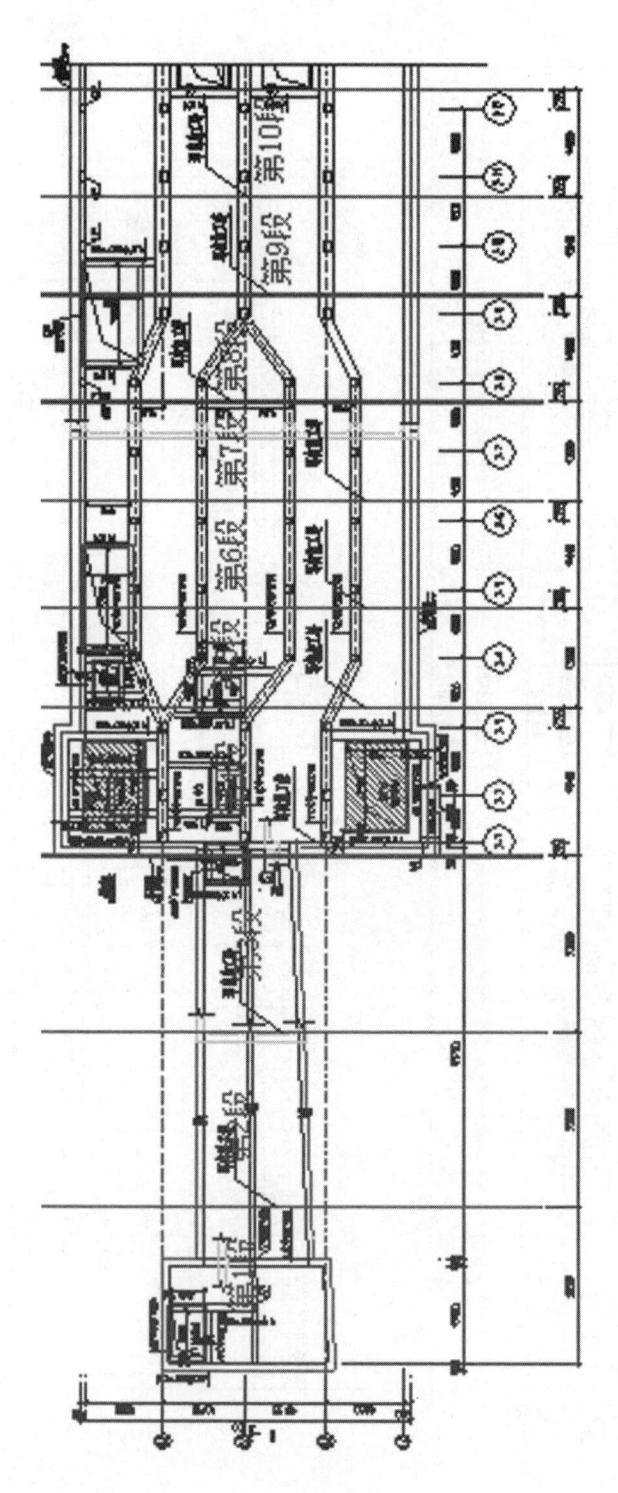

图 6.3 7、9号线车公庙车站结构段划分图 (1)

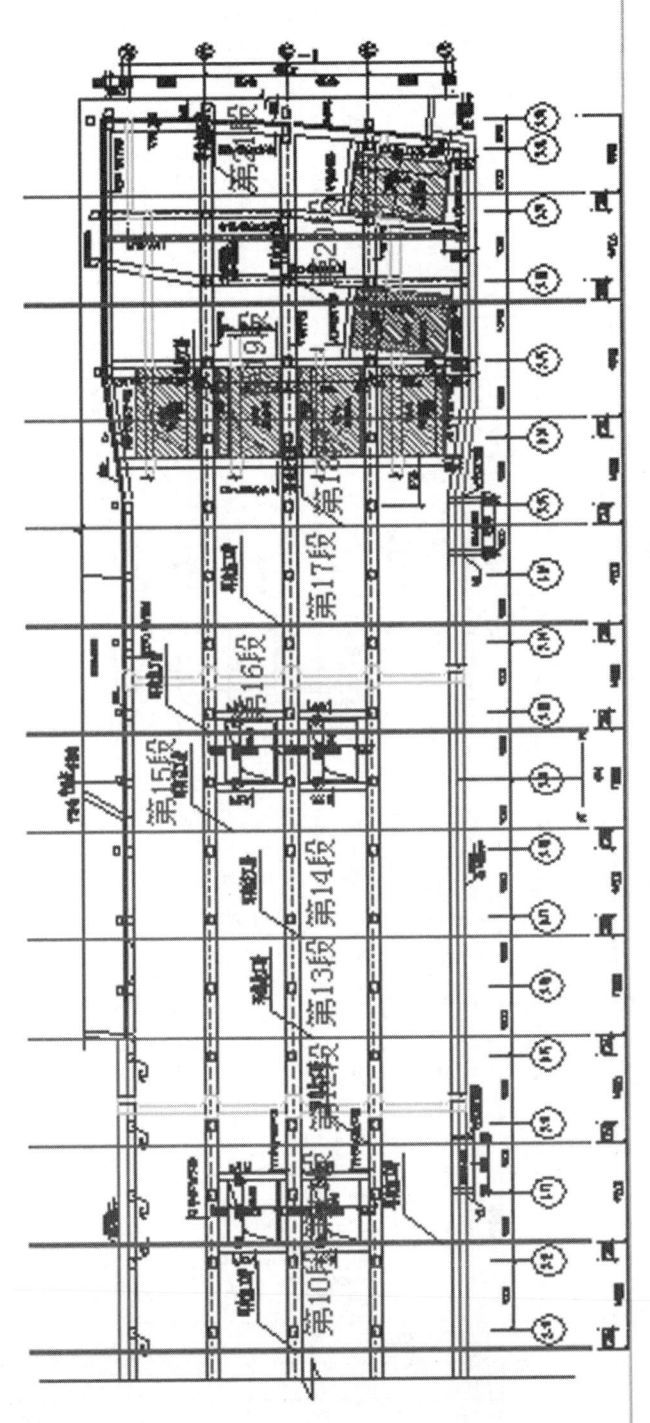

图 6.3 7、9号线车公庙车站结构段构划分图(2)

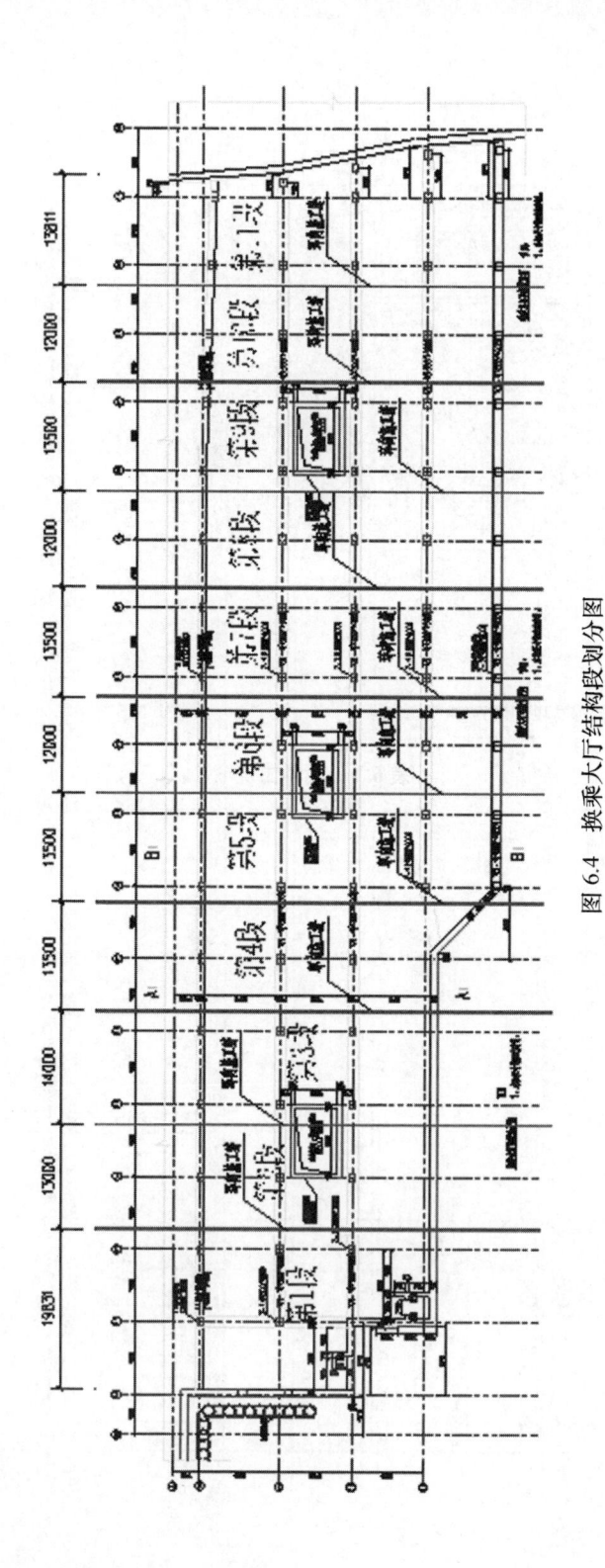

图 6.4 换乘大厅结构段划分图

6.2 施工方案比选

基于车公庙交通枢纽地铁车站深基坑施工方案与方法分析，结合数值计算模拟与模型试验，参考深基坑现场监测数据分析，针对深基坑的变形控制理论，重点研究了不同开挖方案、围护结构和支撑体系参数变化对基坑变形的作用效应，总结施工工艺和支护体系对深基坑变形的有效控制措施，为该车站深基坑建设项目和类似工程提供设计和施工参考信息。其中，数值计算模型与方法参考第 4 章，模型试验研究结论参考第 5 章，现场监测数据分析参考第 3 章。

针对明挖顺筑和盖挖逆筑两种挖方式，研究了施工工艺对深基坑变形的影响。计算中选取 4 种情况进行对比分析，如表 6.1 所示。为了更好地对比两种开挖方式对基坑变形的影响，数值模型参考图 4.2，模型参数参考表 6.1，不考虑地下水影响。

表 6.1 四种工况

工况分类		开挖方式
明挖顺筑	工况 1	三次土体开挖均为先支撑后开挖
	工况 2	三次土体开挖均为先开挖后支撑
盖挖逆筑	工况 1	三次土体开挖均为先支撑后开挖
	工况 2	三次土体开挖均为先开挖后支撑

6.2.1 明挖顺筑法

图 6.5 给出了深基坑明挖顺筑法工况 1 施工的位移矢量和云图。由图可知：① 随着开挖与横向支撑的完成，深基坑两侧既有地下结构均向基坑内侧发生倾斜变形，且变形量逐渐增大。② 当完成第一道支撑时，两侧既有地下结构——原有 1 号线地铁车站最大水平位移量为 23.28 mm，丰盛町结构最大水平位移量为 30.32 mm；当完成第二道支撑时，原有 1 号线地铁车站结构最大水平位移量为 34.64 mm，丰盛町结构最大水平位移量为 38.75 mm；当完成第三道支撑时，原有 1 号线地铁车站结构水平位移最大

值为 40.28 mm，丰盛町结构水平位移最大值为 44.32 mm。③ 第二道支撑与第一道支撑对比分析，原有 1 号线地铁车站结构水平位移量增幅为 48.8%，丰盛町结构水平位移量增幅为 27.8%；第三道支撑比第一道支撑对比分析，原有 1 号线地铁车站结构水平位移量增幅为 73.1%，丰盛町结构水平位移量增幅为 31.5%。由此可知，原有 1 号线地铁车站结构变形增幅量要比丰盛町结构变形增幅量显著。

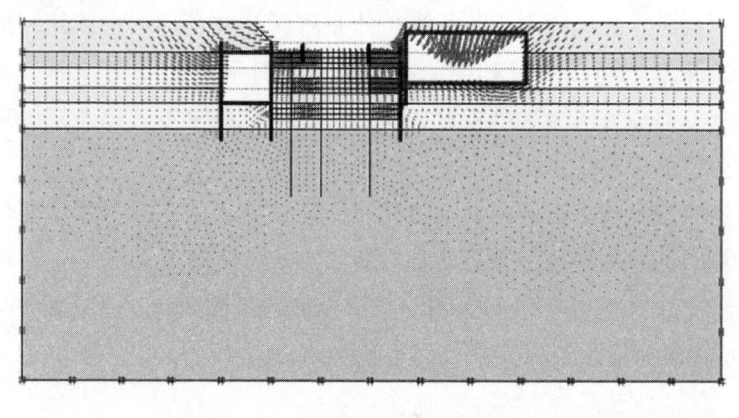

(a) 第一道支撑矢量图

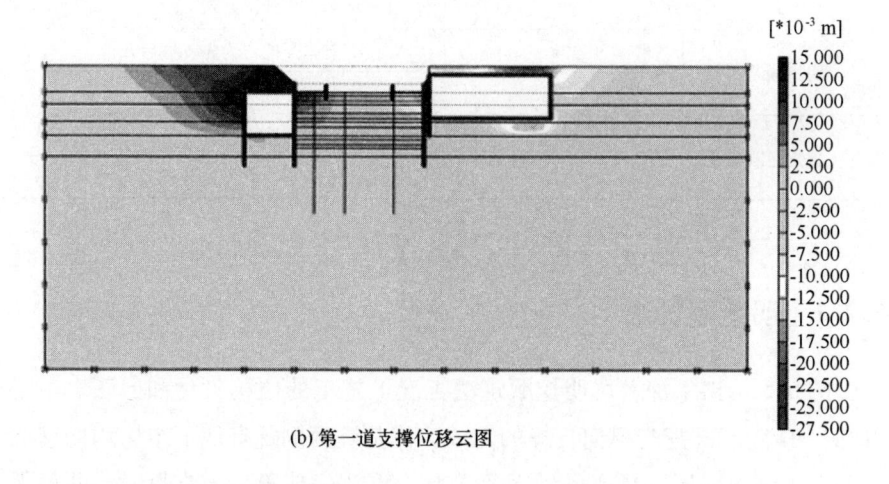

(b) 第一道支撑位移云图

图 6.5 深基坑明挖顺筑法工况 1 施工的矢量和位移云图（1）

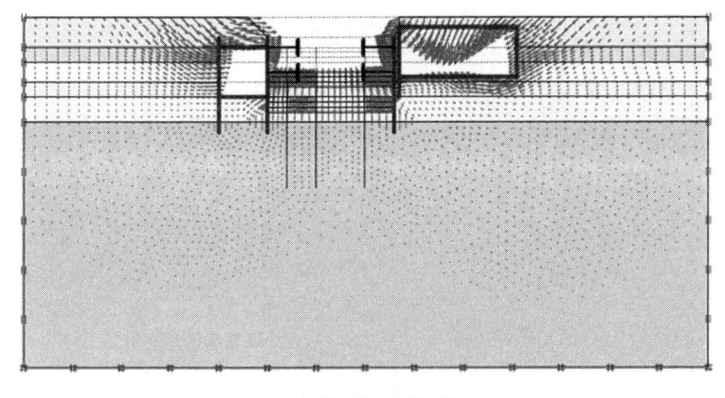

(c) 第二道支撑矢量图

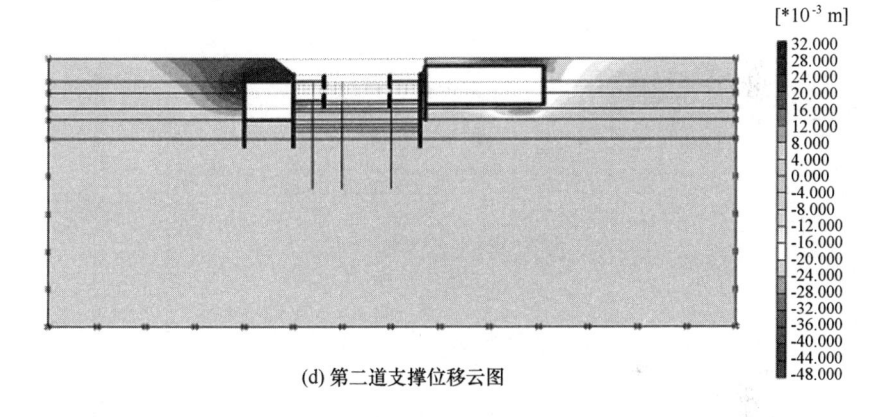

(d) 第二道支撑位移云图

图 6.5 深基坑明挖顺筑法工况 1 施工的矢量和位移云图（2）

103

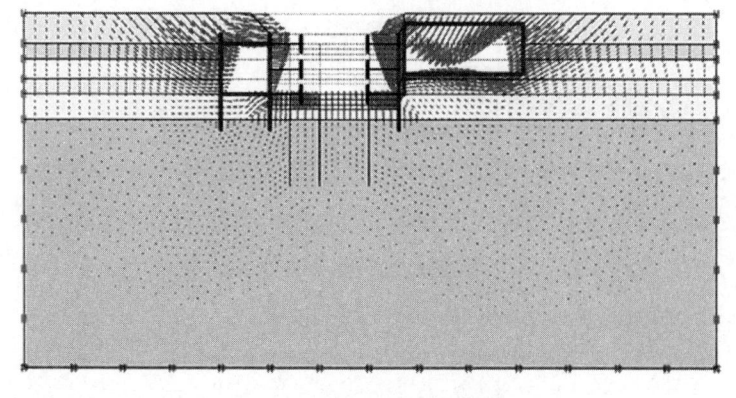

(e) 第三道支撑矢量图

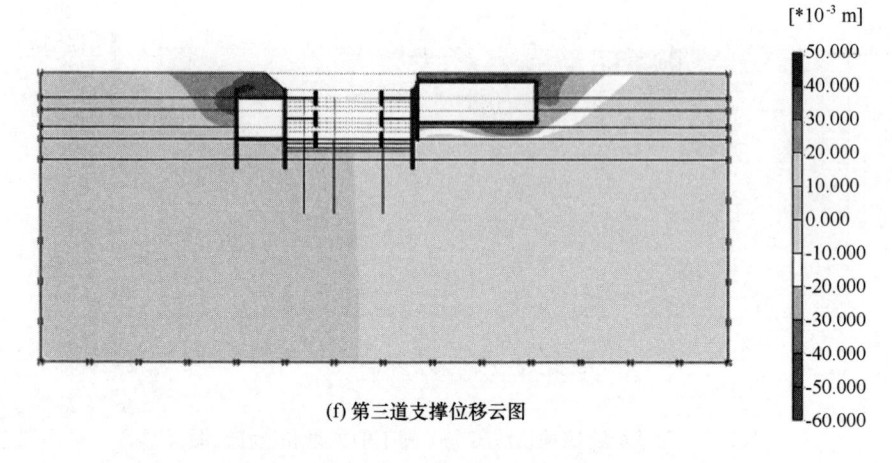

(f) 第三道支撑位移云图

图 6.5 深基坑明挖顺筑法工况 1 施工的矢量和位移云图（3）

图 6.6、图 6.7 分别给出了深基坑明挖顺筑法工况 2 施工的位移矢量和云图。由图可知：① 深基坑两侧既有地下结构变形趋势与工况 1 相似。② 当完成第一道支撑时，两侧既有地下结构——原有 1 号线地铁车站最大水平位移量为 24.57 mm，丰盛町结构最大水平位移量为 30.98 mm；当完成第二道支撑时，原有 1 号线地铁车站结构最大水平位移量为 36.27 mm，丰盛町结构最大水平位移量为 43.52 mm；当完成第三道支撑时，原有 1 号线地铁车站结构水平位移最大值为 47.27 mm，丰盛町结构水平位移最大值为 50.42 mm。③ 第二道支撑与第一道支撑对比分析，原有 1 号线地铁车站结构水平位移量增幅为 47.7%，丰盛町结

构水平位移量增幅为40.5%；第三道支撑比第一道支撑对比分析，原有1号线地铁车站结构水平位移量增幅为92.4%，丰盛町结构水平位移量增幅为62.8%。由此可知，原有1号线地铁车站结构变形增幅量要比丰盛町结构变形增幅量显著。

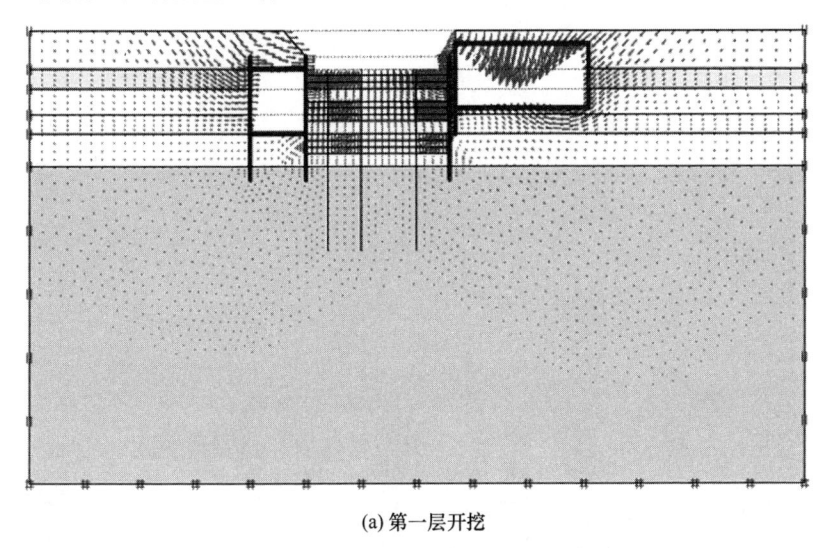

(a) 第一层开挖

(b) 第二层开挖

图6.6 深基坑明挖顺筑法工况2施工的位移矢量（1）

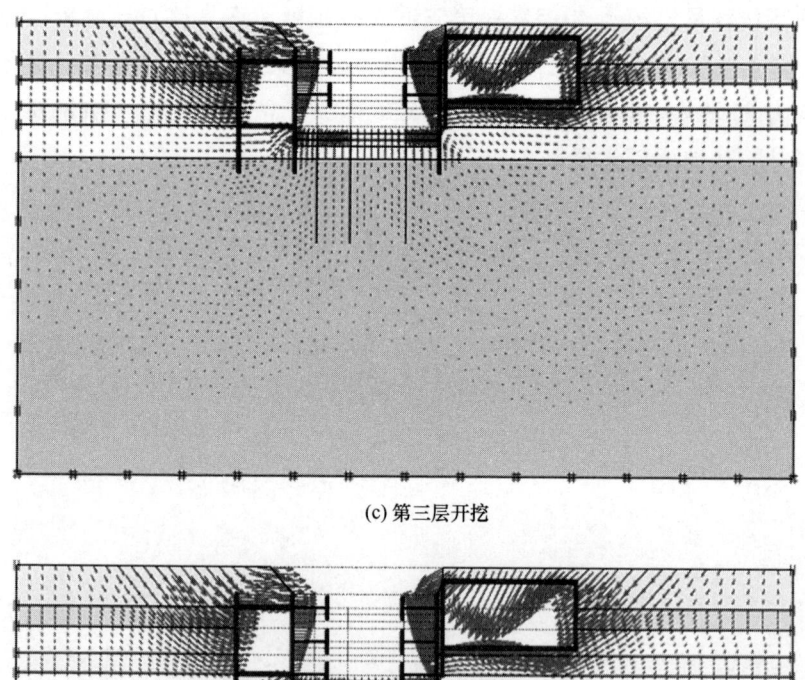

(c) 第三层开挖

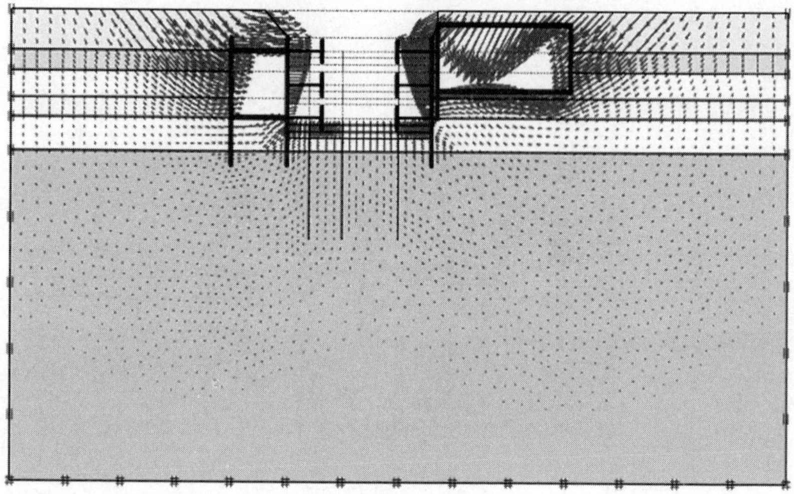

(d) 第三道支撑

图 6.6 深基坑明挖顺筑法工况 2 施工的位移矢量 (2)

(a) 第一层开挖

(b) 第二层开挖

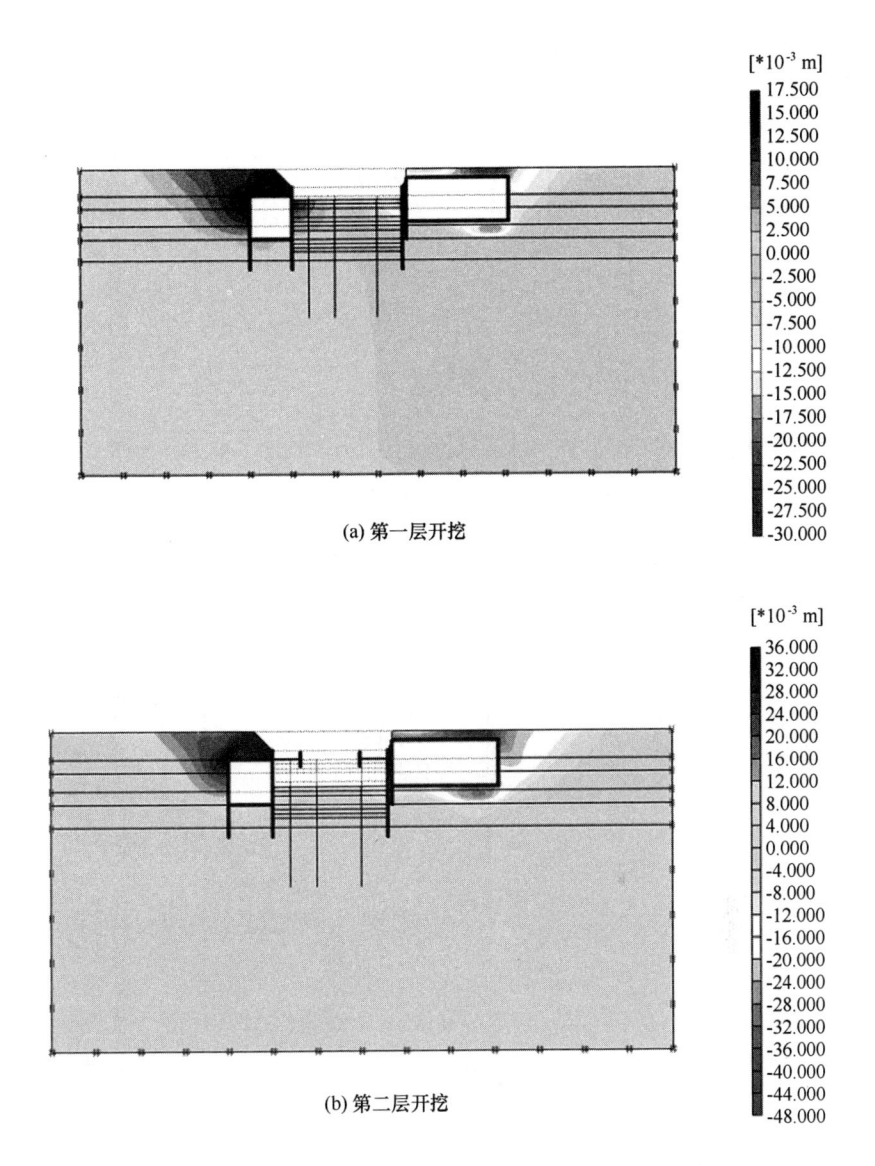

图 6.7 深基坑明挖顺筑法工况 2 施工的位移云图（1）

(c) 第二层开挖

(d) 第三道支撑

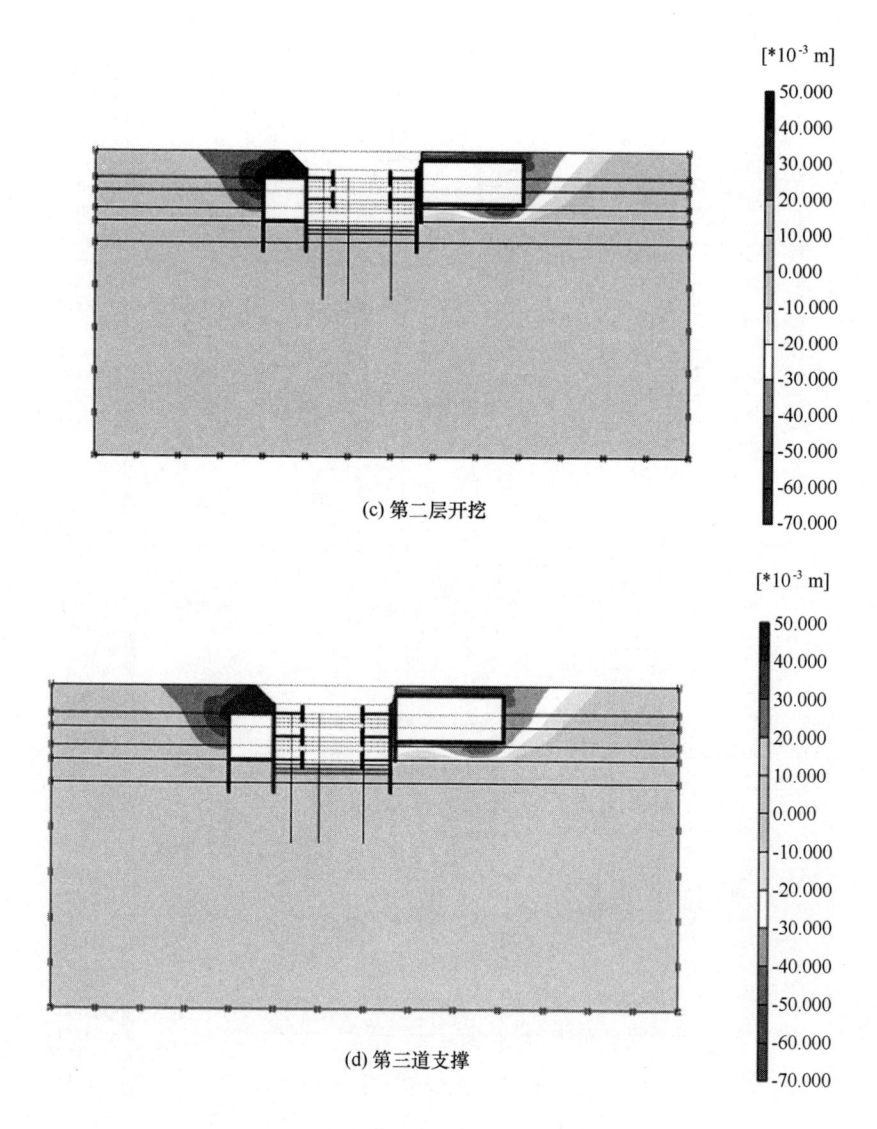

图6.7 深基坑明挖顺筑法工况2施工的位移云图（2）

综上所述，对于明挖顺筑法施工，工况1和工况2两种情况下，深基坑两侧既有地下结构均向基坑内侧发生倾斜变形。其中，丰盛町商业街倾斜变形量要比原有1号线地铁车站结构显著，但倾斜变形增幅量较大的为原有1号线地铁车站结构。这是由于原有1号线地铁车站结构与在建地铁车站深基坑共用一面地下连续墙，受在建工程施工影响的时程相对丰盛町较短,但是丰盛町悬于在建车站基坑的上侧,其变形量较大。

6.2.2 盖挖逆筑法

图 6.8 给出了深基坑盖挖逆筑法工况 1 施工的位移矢量和云图。由图可知：① 随着施工工序的开展,基坑两侧水平位移变形呈对称分布形式,且变形量逐渐增大,变形方向为向基坑内侧水平位移。② 盖挖逆筑施工完成横向混凝土顶板支护后,其顶板上部回填土体也发生微小竖向沉降变形。③ 当完成第一道支撑时,两侧既有地下结构——原有 1 号线地铁车站最大水平位移量为 23.28 mm,丰盛町结构最大水平位移量为 30.32 mm;当完成第二道支撑时,原有 1 号线地铁车站结构最大水平位移量为 27.46 mm,丰盛町结构最大水平位移量为 35.53 mm;当完成第三道支撑时,原有 1 号线地铁车站结构水平位移最大值为 34.72 mm,丰盛町结构水平位移最大值为 39.65 mm。④ 第二道支撑与第一道支撑对比分析,原有 1 号线地铁车站结构水平位移量增幅为 17.9%,丰盛町结构水平位移量增幅为 17.1%;第三道支撑比第一道支撑对比分析,原有 1 号线地铁车站结构水平位移量增幅为 49.1%,丰盛町结构水平位移量增幅为 30.8%。由此可知,原有 1 号线地铁车站结构变形增幅量要比丰盛町结构变形增幅量显著。

图 6.9 给出了深基坑盖挖逆筑法工况 2 施工的位移矢量和水平云图。由图可知：① 基坑两侧既有地下结构变形趋势与工况 1 相似。② 当完成第一道支撑时,两侧既有地下结构——原有 1 号线地铁车站最大水平位移量为 24.35 mm,丰盛町结构最大水平位移量为 32.15 mm;当完成第二道支撑时,原有 1 号线地铁车站结构最大水平位移量为 29.75 mm,丰盛町结构最大水平位移量为 36.32 mm;当完成第三道支撑时,原有 1 号线地铁车站结构水平位移最大值为 36.15 mm,丰盛町结构水平位移最大值为 40.27 mm。③ 第二道支撑与第一道支撑对比分析,原有 1 号线地铁车站结构水平位移量增幅为 22.2%,丰盛町结构水平位移量增幅为 12.9%;第三道支撑比第一道支撑对比分析,原有 1 号线地铁车站结构水平位移量增幅为 48.5%,丰盛町结构水平位移量增幅为 25.3%。由此可知,原有 1 号线地铁车站结构变形增幅量要比丰盛町结构变形增幅量显著。

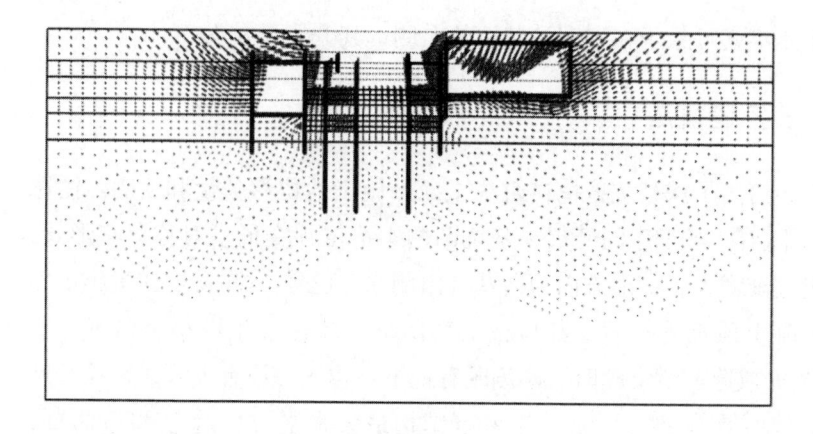

(a) 第一道支撑矢量图

(b) 第一道支撑位移云图

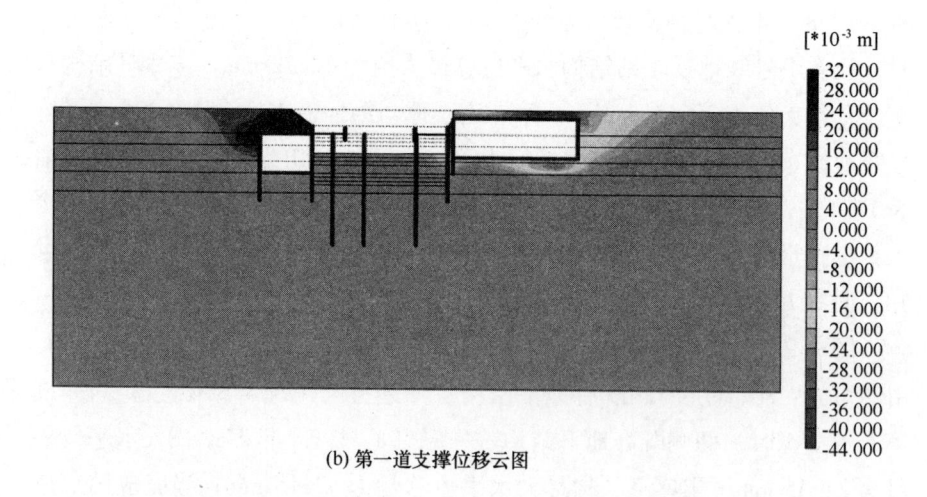

图 6.8 深基坑盖挖逆筑法工况 1 施工的位移矢量和位移云图（1）

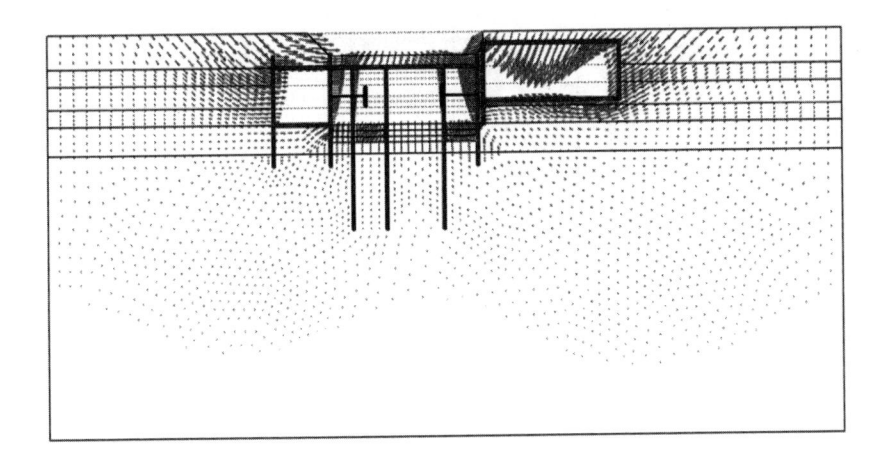

(c) 第二道支撑矢量图

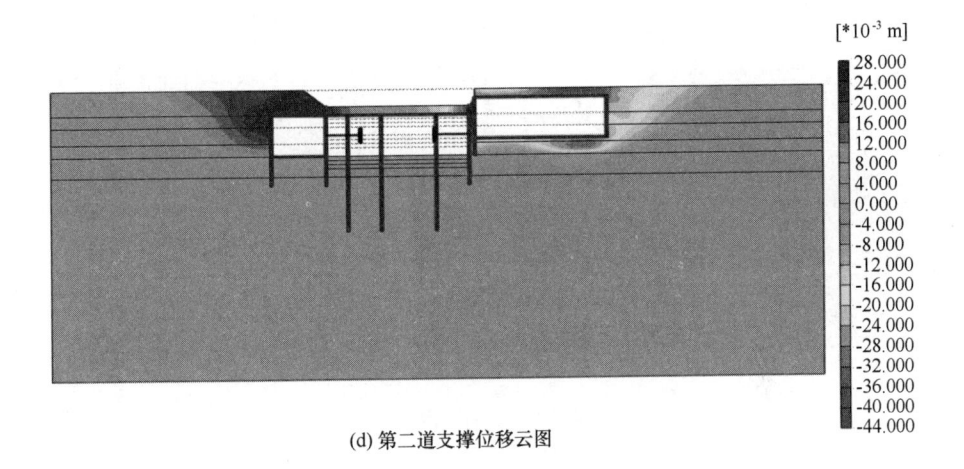

(d) 第二道支撑位移云图

图 6.8 深基坑盖挖逆筑法工况 1 施工的位移矢量和位移云图（2）

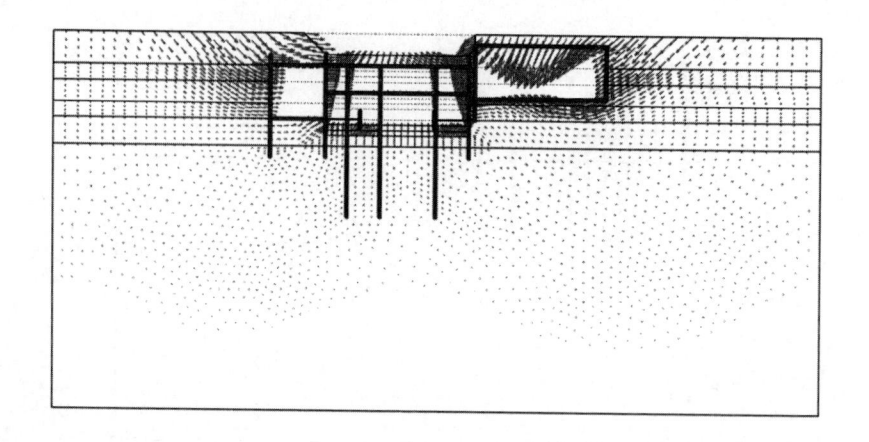

(e) 第三道支撑矢量图

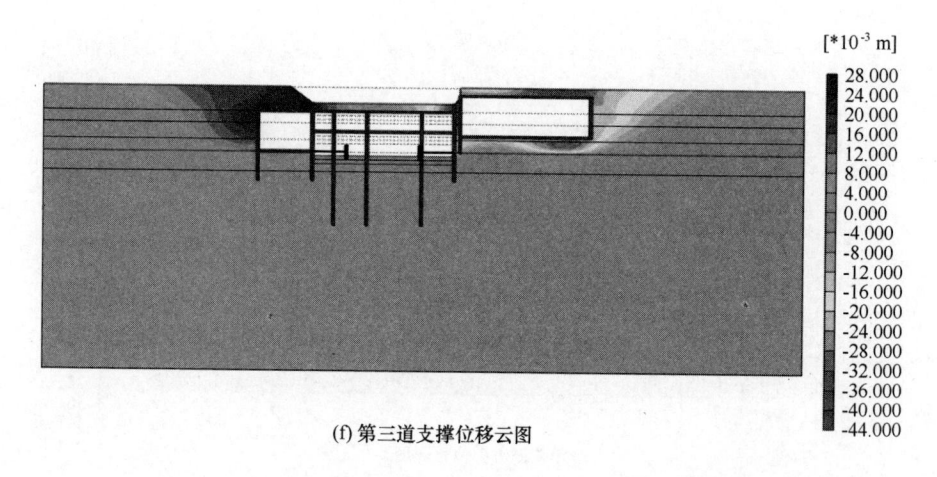

(f) 第三道支撑位移云图

图 6.8 深基坑盖挖逆筑法工况 1 施工的位移矢量和位移云图（3）

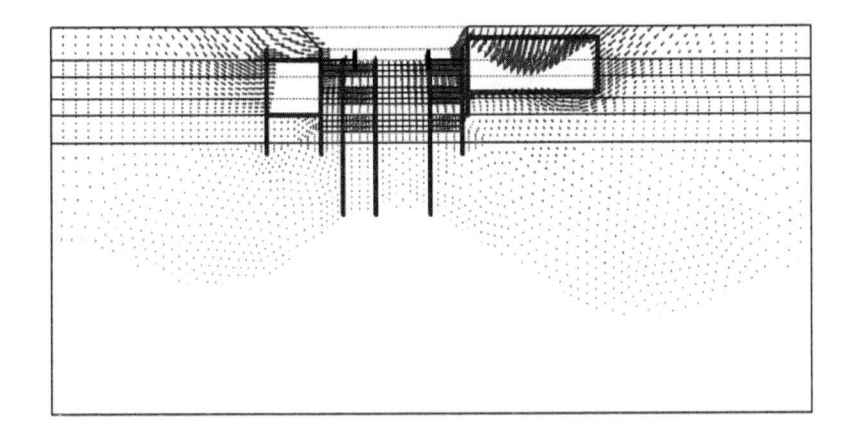

(a) 第一道支撑矢量图

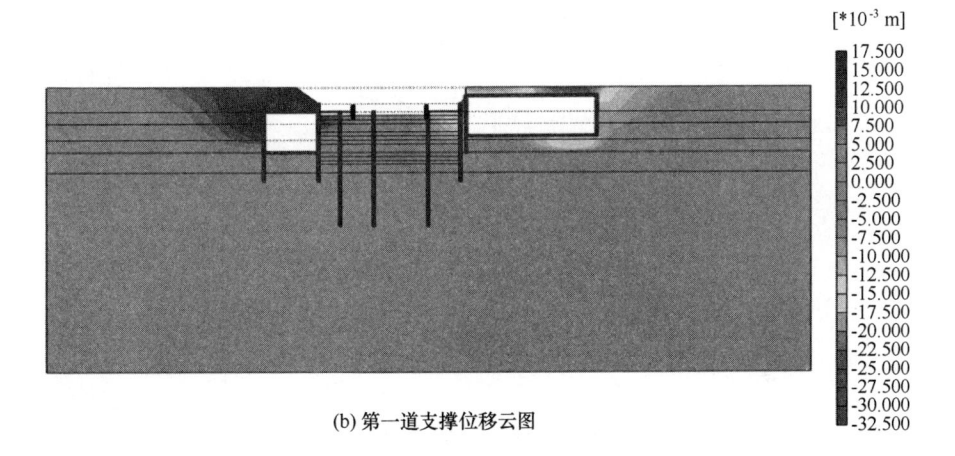

[*10⁻³ m]
17.500
15.000
12.500
10.000
7.500
5.000
2.500
0.000
-2.500
-5.000
-7.500
-10.000
-12.500
-15.000
-17.500
-20.000
-22.500
-25.000
-27.500
-30.000
-32.500

(b) 第一道支撑位移云图

图 6.9 深基坑盖挖逆筑法工况 2 施工的位移矢量和位移云图（1）

113

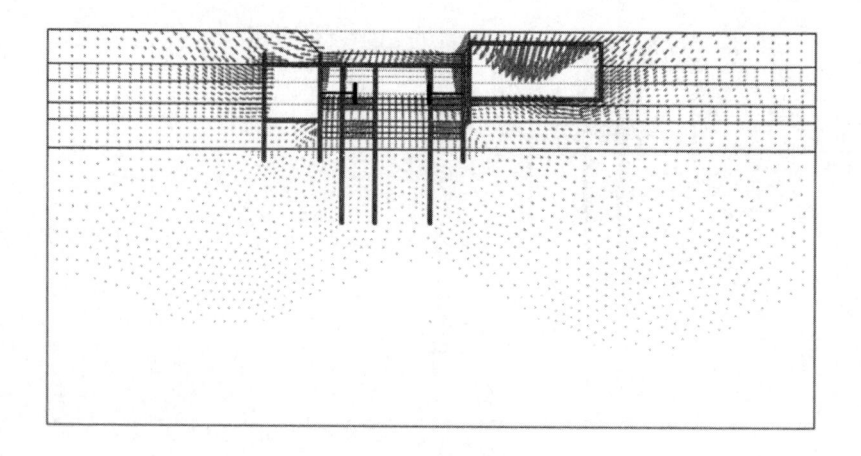

(c) 第二道支撑矢量图

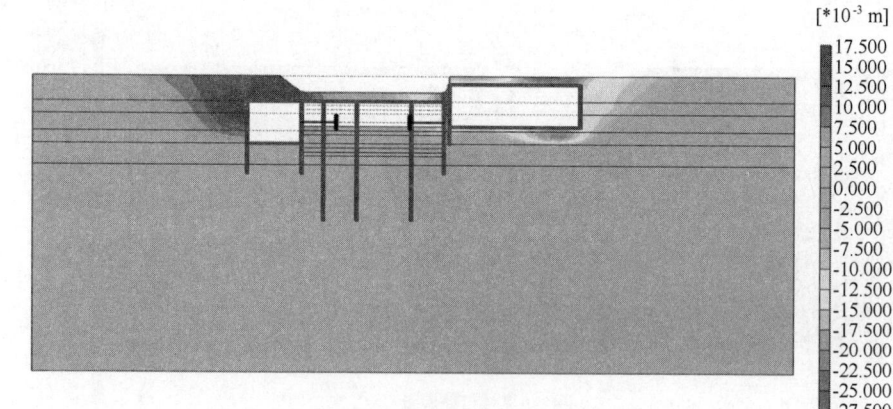

(d) 第二道支撑位移云图

图 6.9 深基坑盖挖逆筑法工况 2 施工的位移矢量和位移云图（2）

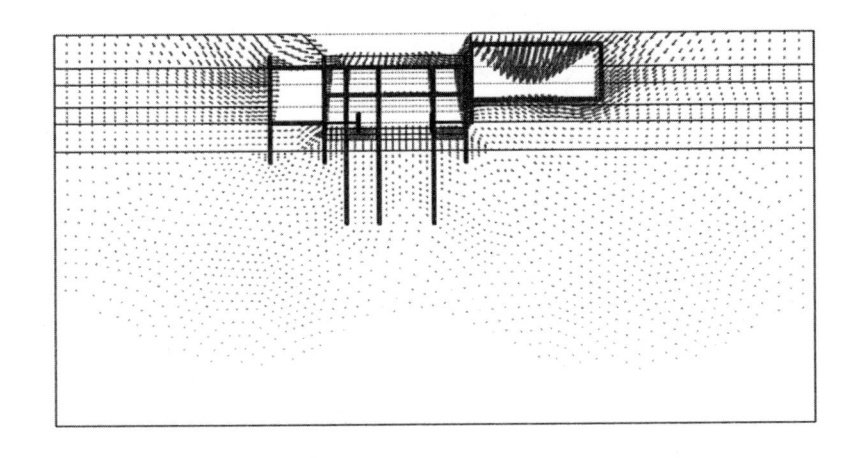

(e) 第三道支撑矢量图

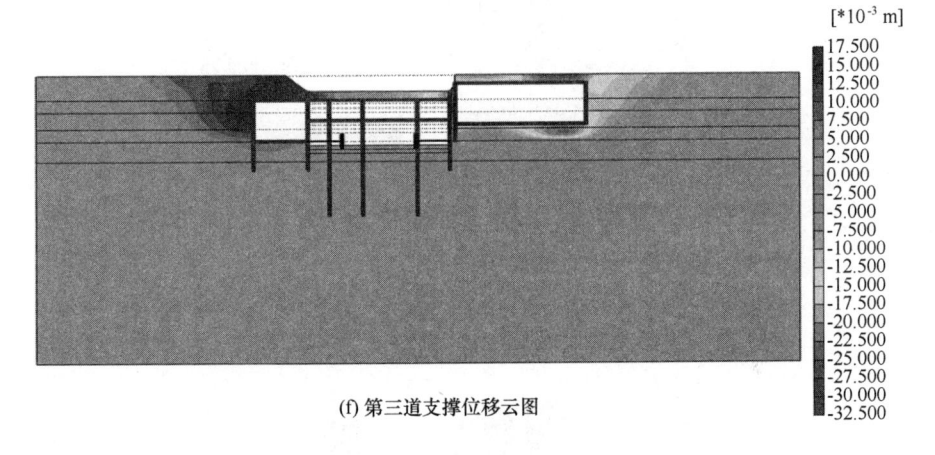

(f) 第三道支撑位移云图

图 6.9 深基坑盖挖逆筑法工况 2 施工的位移矢量和位移云图（3）

综上所述，对于盖挖逆筑法施工，工况 1 和工况 2 两种情况下，深基坑两侧既有地下结构均向基坑内侧发生倾斜变形。其中，丰盛町商业街倾斜变形量要比原有 1 号线地铁车站结构显著，但倾斜变形增幅量较大的为原有 1 号线地铁车站结构。这与明挖顺筑法施工所得到的结论一致。比较两种工法可以看出，盖挖逆筑法更能有效地减少对既有结构的影响和倾斜变形，保证在建地铁车站两侧既有地下结构的安全运营。

6.2.3 与现场实测、模型试验结论对比

图 6.10 给出了模型试验中不同工况丰盛町结构最大倾斜变形量。将现场实测数据（图 3.6）、数值模拟（图 4.6、图 4.11、图 4.12）、模型试验（图 5.18、图 5.19）与以上研究成果进行对比分析可知：① 盖挖逆筑法施工工艺能够有效地减少在建地铁车站两侧既有地下结构物的倾斜量，其中与明挖顺筑法相比倾斜量减少 30% 左右，倾斜量增幅减少 50% 左右。② 由于原有 1 号线地铁车站与在建地铁车站地下连续墙共用一侧，因此深基

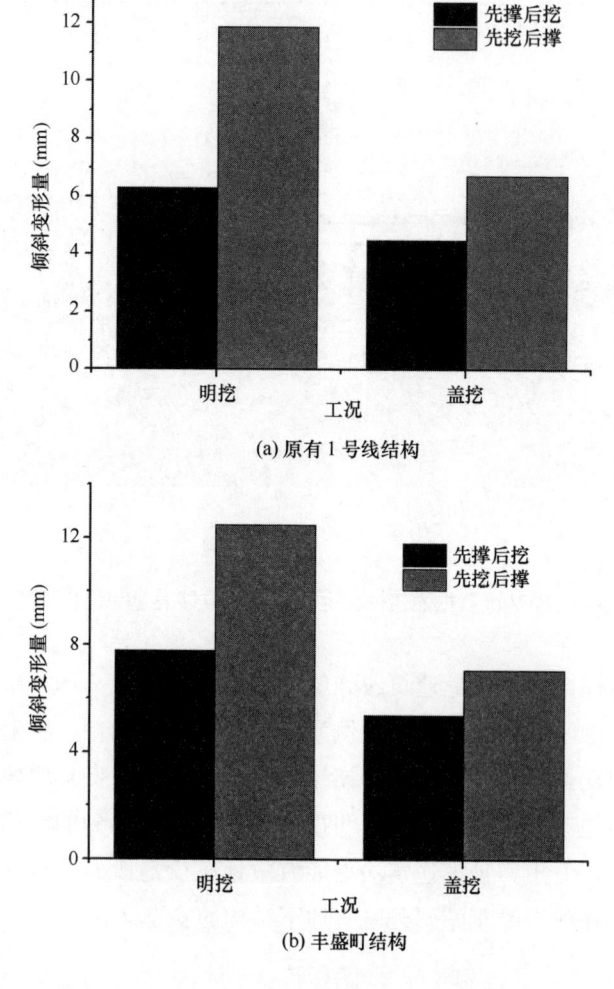

(a) 原有 1 号线结构

(b) 丰盛町结构

图 6.10 模型试验中不同工况地下结构倾斜变形

坑施工过程中，原有1号线地铁车站结构倾斜量增幅显著但倾斜量值较小。为此，深基坑建设时期，应减小对原有1号线地铁车站既有结构的损坏，加强丰盛町商业街沉降变形监测，以保证新建车站施工期原有地下结构的安全与正常运营。

6.3 围护结构参数的影响

在建地铁车站围护结构主要有两部分，一部分为新建紧邻丰盛町商业街一侧地下连续墙，一部分为已有的原有1号线地铁车站一侧地下连续墙。也就是说，在深基坑建设期间，只要新建丰盛町一侧地下连续墙即可。众所周知，深基坑围护结构不仅是保证在建基坑施工的重要安全措施之一，而且是有效减小对周边既有构筑物变形影响的主要措施和首选方法。为此，研讨丰盛町一侧地下连续墙厚度与埋深，阐述丰盛町变形量与围护参数之间的关系，为基坑建设提供重要参考信息。

6.3.1 厚度分析

调整地下连续墙的厚度，其他参数保持不变，连续墙的厚度以0.4 m为基准值，地下连续墙厚度分别取0.4 m、0.8 m、1.2 m三个等级。图6.11给出了丰盛町一侧的不同厚度等级地下连续墙在明挖顺筑和盖挖逆筑两种施工工艺下的倾斜变形特征曲线。由图可知：① 地下连续墙厚度的改变对其倾斜变化规律无影响，顶部与底部倾斜变形量小，中部较大，均向基坑内倾斜。但随着地下连续墙厚度的增加，其倾斜变形量逐渐减小。② 对于明挖顺筑法施工来说，厚度为1.2 m的最大倾斜变形量与厚度为0.4 m的最大倾斜变形量相比减小了64.5%；对于盖挖逆筑法施工来说，厚度为1.2 m的最大倾斜变形量与厚度为0.4 m的最大倾斜变形量相比减小了65.3%。厚度的改变对于倾斜量减小幅度有较大作用。③ 对于相同厚度的地下连续墙来说，盖挖逆筑法更能有效减小倾斜变形量，这与前面分析的结论一致。④ 地下连续墙体厚度增大时不仅增大了墙体的弯矩，而且增加了工程造价。因此，在地下连续墙强度满足要求的情况下，想主要借助加大地下连续墙的墙体厚度来减小基坑变形的做法并不经济，也不科学。

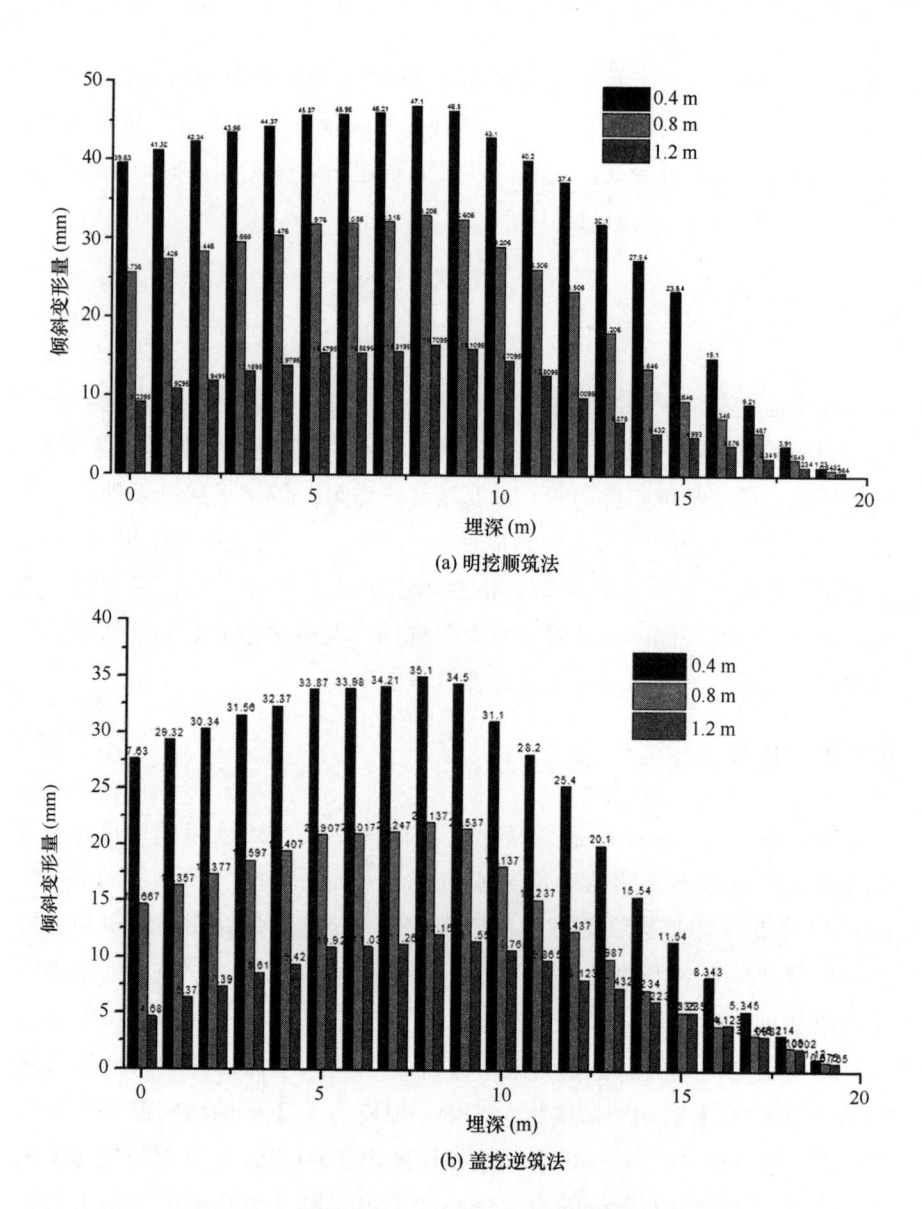

图 6.11　不同厚度等级地下连续墙倾斜变形特征曲线

调整地下连续墙的埋深，其他参数保持不变，地下连续墙埋深分别取 15 m、20 m、25 m 三个等级。图 6.12 给出了丰盛町一侧的不同埋深等级地下连续墙在明挖顺筑和盖挖逆筑两种施工工艺下的倾斜变形特征曲线。由图可知：① 随着地下连续墙埋深的增加，其倾斜变形量逐渐减小。顶部与底部变形量相对中部变形量要小。② 对于明挖顺筑工法来说，埋深 20

m 和 25 m 与埋深 15 m 相比，其倾斜量减小幅度分别为 17.5% 和 35.7%；对于盖挖逆筑工法来说，埋深 20 m 和 25 m 与埋深 15 m 相比，其倾斜量减小幅度分别为 24.4% 和 49.7%。③ 对于相同埋深的地下连续墙来说，盖挖逆筑法更能有效减小倾斜变形量，这与前面分析的结论一致。

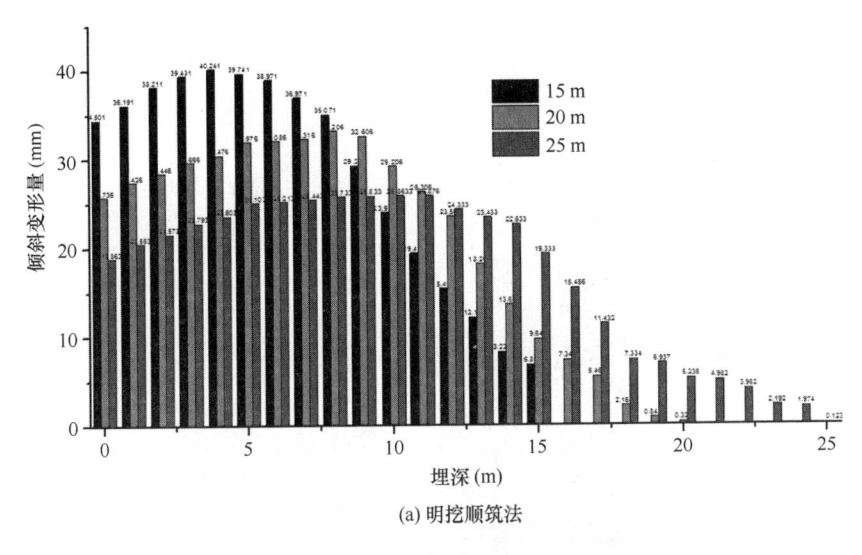

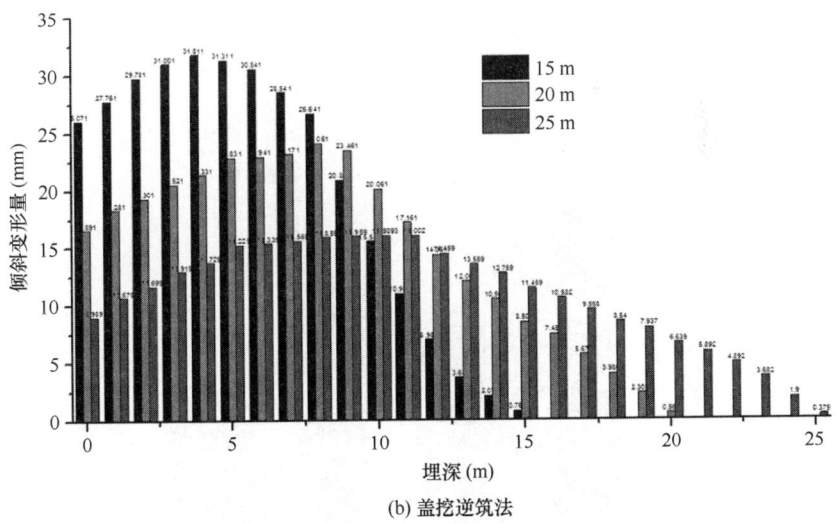

(a) 明挖顺筑法

(b) 盖挖逆筑法

图 6.12 不同深度等级地下连续墙倾斜变形特征曲线

6.3.2 支撑轴力分析

依据车公庙地铁车站设计图纸给出的横向支撑设计轴力分别为第一层 512 kN，第二层 2 534 kN，第三层 2 098 kN，采用数值计算方法，对设计轴力分别降低 30% 和提高 30% 两种工况进行对比分析。图 6.13 给出了不同支撑轴力作用下两侧地下结构倾斜变形特征图。由图可知：① 随着横向

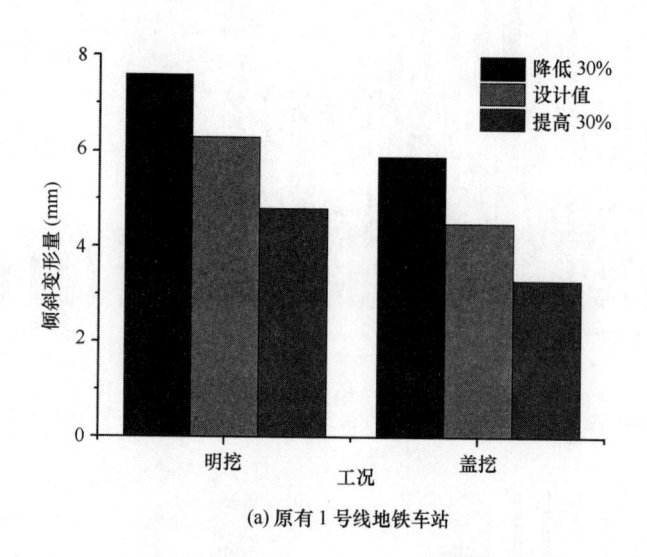

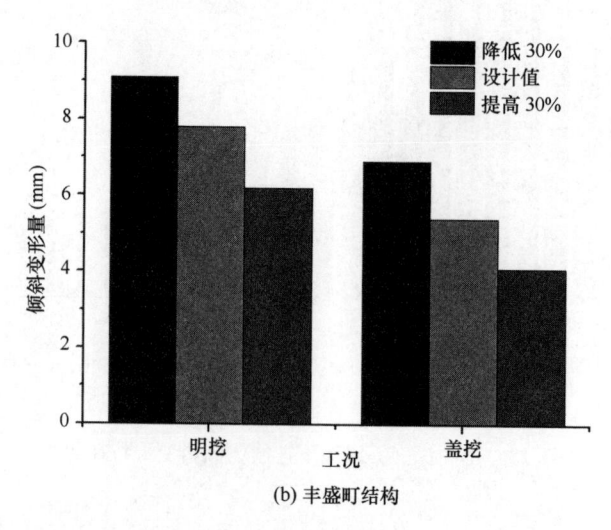

(a) 原有 1 号线地铁车站

(b) 丰盛町结构

图 6.13 不同支撑轴力作用下两侧地下结构倾斜变形

支撑轴力值的提高，其两侧既有地下结构的倾斜变形量逐渐减小。② 在相同横向支撑轴力作用下，盖挖逆筑法在减小两侧既有地下结构倾斜变形量方面，要比明挖顺筑法有效，这与前面分析所得到的结论一致。

6.4 变形控制措施

城市地下空间的开发必将对地面以上和以下既有结构和周围环境产生不可逆的破坏和影响，致使既有结构或地面丧失原有的稳定性，影响结构自身安全。然而，目前国内尚未对城市地下空间开发造成周围建筑物的影响制定统一的评价方法。为此，本文通过对国内外相关评价体系、控制标准等资料的研究，对深基坑建设对紧邻既有结构的变形控制措施作一讨论，以期为我国建筑物保护规范和建筑物影响评价方法的最终制定提供依据和参考。对于深基坑开挖诱发紧邻既有结构变形的控制措施，首先应该明确深基坑施工的影响范围，然后在开工前要对影响范围内的建筑物进行调查，包括建筑物的结构尺寸、体型，建筑物的功能、重要性以及其基础类型、建造年代等。在对建筑物调查完后，还要根据其结构形式、基础样式的不同确定其容许的变形值，最后利用现有适用的、简洁的预测方法对深基坑开挖所引发的围护结构变形或地表沉降进行预测，并将预测值与上述允许值进行对比，若预测值大于允许值，则应该根据实际的工程选择相应的施工方法或对建筑物采取一定的保护措施，总之尽量减少深基坑施工对周围建筑物的影响。

6.4.1 深基坑施工影响范围的确定

在深基坑工程建设中，通常将深基坑对周围环境的影响按范围划分为：受影响区域和不受影响区域。对不受影响区域的建筑物认为受施工影响程度可忽略不计；而部分或全部位于受影响区域的建筑物则要进行影响程度的判断，对受影响程度大者需要采取相应的处理措施。目前，对影响区域的划分，还没有统一的标准。但基本原则是：建筑物基础底部向下卧层地基土扩散附加应力的有效范围，应离开深基坑开挖岩土体受扰动后的塑性区，以防止塑性区土体的施工沉降和后期固结沉降引起建筑物不能承受的差异沉降。

图 6.14 给出了两种施工工艺作用下深基坑开挖的塑性破坏区。由图可知：深基坑开挖建设期间对周围既有结构都产生影响，基本趋势大致为紧邻既有地下结构的基底向地面沿 45°向上逐渐扩散，其中盖挖逆筑法相对明挖顺筑法影响破坏范围要小一些，这与前面分析所得到的结论基本一致。进而，通过修正 Peek R B 提出的一种简单实用的隧道影响范围确定方法可知：假定深基坑开挖紧邻既有地下结构的基底向地面沿 45°向上扩散，如图 6.15 所示。其中，在影响区域内的周边建筑或地面将受到深基坑开挖的影响，为此应加强既有结构的稳定性和开挖支护措施，并结合实时监测，以此保证深基坑自身稳定和既有结构的安全运营。

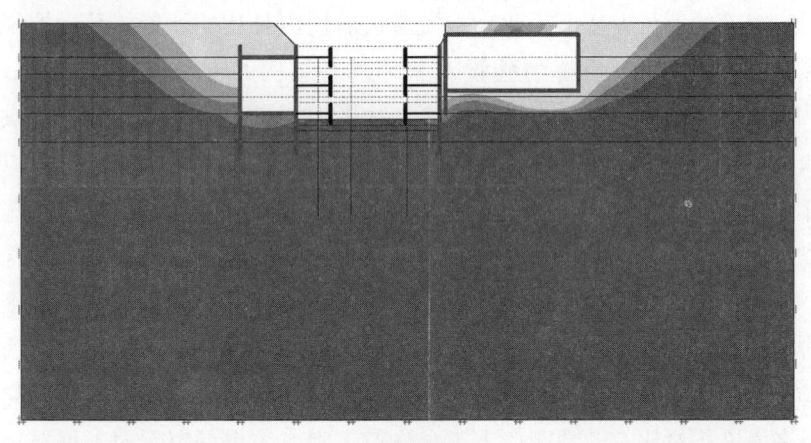

(a) 明挖顺筑法

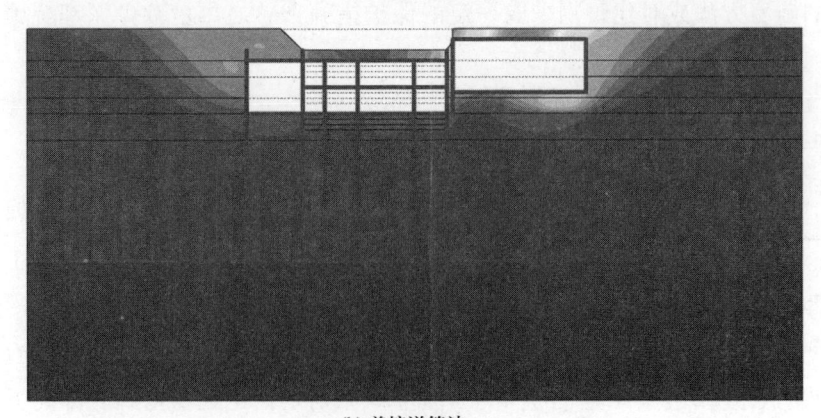

(b) 盖挖逆筑法

图 6.14 深基坑开挖塑性破坏区

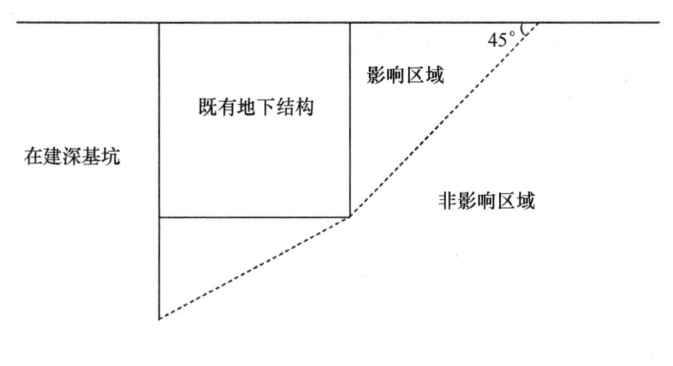

图 6.15 影响区域划分

6.4.2 周围环境调查

深基坑建设前应确定周围需要保护的建筑物或地面交通，在施工过程中应对被保护的建筑物严格监测，以信息反馈确保建筑物和施工安全，所以在施工前要做好以下几项工作。

（1）对已有建筑物进行调查。对深基坑建设影响范围区域内的建筑物逐一编号，根据图档资料和现场调查，列表表明建筑物的规模、形式、基础构造（型式、尺寸、埋深、材料等）、建造年代、使用状况（包括现有损坏程度和维修难易）等。对有保护必要的建筑物尚须查清有无进行保护工程所必需的工作场地或与邻近建筑物的关系。

（2）确定已有建筑物的容许变形量。确定建筑物的容许变形量，需从结构和使用功能两方面加以考虑，也就是说应在考虑地基条件、基础形式、上部结构特性、周围环境、使用要求后，在不产生结构性损坏和不影响使用功能的前提下予以确定。

（3）估算已有建筑物由于施工可能产生的变形量。在施工中，地基变形的大小随地层条件、隧道埋深和尺寸、施工方法和水平而异，一般可根据理论分析和已有施工实践资料的积累，对处于不同位置的建筑物可能产生的变形量作出预测，并将其与它自身容许变形相比较，以判定它是否需要保护。但最终的决策还得从经济和社会效益等方面综合考虑决定。

6.4.3 车公庙地铁车站深基坑施工对紧邻既有地下结构的变形控制措施

(1) 变形控制标准的确定

车公庙地铁车站深基坑两侧的既有地下结构——原有1号线地铁车站和丰盛町商业街，其自身结构形式、基础类型、建筑尺寸、荷载情况、建造时期和使用情况、功能和重要性等的不同，而具有不同的承受荷载作用和变形的能力。因此，必须根据其受深基坑施工影响的实际情况来确定相应的变形控制指标。

深基坑倾斜变形控制标准一般是依据相关规范、规程、计算资料及类似工程经验制定的，对于不同的监测对象有不同的监测控制标准，一般分别采用如下标准：围护结构值控制在 -30~+10 mm 以内；报警值按极限值的一定比例设定，一般为 -20~+8 mm 以内。对于不同地质条件，深基坑施工对紧邻既有地下结构的变形控制标准值的设定是存在较大困难的，这是因为不同的地质环境条件下围护结构倾斜变形的影响因素是不同的，而标准的制定需要大量数据的统计和分析，这就要求我们必须通过大量的工程实际统计来总结规律，根据大量的监测结果我们可以得出一般倾斜变形控制标准。从上述工程的监测资料和数值模拟计算得出的结果中可知：车公庙地铁车站深基坑施工过程中，原有1号线地铁车站结构顶部倾斜变形量最大值不超过 25 mm，底部倾斜变形量最大值不超过 5 mm；丰盛町商业街地下结构顶部倾斜变形量最大值不超过 30 mm，底部倾斜变形量最大值不超过 7 mm。

(2) 变形控制措施

通过以上研究结论的对比分析，结构工程实际，从新建地铁车站施工安全和加强既有地下结构抵抗附加变形的能力两个因素来考虑，提出了以下变形控制措施：

① 施工工法方面。

施工工艺采用盖挖逆筑法，该方法能够减小深基坑两侧既有地下结构的倾斜变形量，保证新建车站和既有结构的安全与运营。同时，基坑土方开挖和结构施工时宜按照"时空效应"原理，采取"分层、分块、平衡对称、限时支撑"的施工方法。在基坑开挖时，基坑土方开挖应严格按设计要求进行，不得超挖，应采用分区分层均匀开挖，并注意开挖坡度，防止坑内滑坡的发生以及局部超挖产生挤土而影响工程桩的质量和安全。土方开挖完成后应立即对基坑进行封闭，防止水浸和暴露，并应及时进行地下结构的施工。

② 加固措施方面。

由于深基坑建设区域岩土层变化较大，性质差别较大，均匀性较差，易产生不均匀沉降，因此，需对深基坑两侧地下连续墙与基地采取有效加固措施，防止发生较大的不均匀沉降，造成在建地铁车站结构的破坏。同时，基于经济性和使用性两方面综合对比，选取围护结构体的设计参数，以减小对既有结构的影响。另外，因车站是长条形箱形结构，极易产生纵向的不均匀沉降，引起结构的变形与损伤，继而产生渗漏水。因此，要严格按照设计要求，严把质量关，设好变形缝、诱导缝。

③ 地下水影响控制方面。

地下水对于深基坑建设有着重要的影响作用，因此，在建车站基坑应依据施工工艺采用合理的降水措施，以最大限度地减小两侧既有构筑物的倾斜变形。降水井应连续运转，尽量避免间歇和反复抽水，以减小在降水期间引起的地面沉降量。降水场地外侧设置挡水帷幕，切断降水漏斗曲线的外侧延伸部分，减小降水影响范围。常用的挡水帷幕可采用地下连续墙、深层水泥土搅拌桩等。

④ 施工监测方面。

新建地铁车站深基坑周边不仅有既有地下结构体，而且还存在城市主干道，交通繁忙，为确保深基坑施工安全和既有结构的正常运营，在施工过程中应开展必要的现场监测工作，通过现场监测数据分析，动态完善设计理念。

⑤ 其他方面。

施工中，要保证模板工程质量、钢筋工程质量、混凝土浇筑质量、隐蔽工程质量、预留空洞质量、脚手架抗浮。主体结构的裂缝主要是由于不均匀沉降造成的，水泥水化、混凝土脱模等工艺不当都会引起裂缝。同时，深基坑开挖施工过程中，新建车站结构与既有地下结构内外的温度差所引起的内力作用；既有地铁车站列车启动与制止时产生的动力荷载，都会对结构产生一定的影响。

6.5 小结

基于数值计算模拟与模型试验，参考深基坑现场监测数据分析，针对深基坑的变形控制理论，重点研究了不同开挖方案、围护结构和支撑体系参数变化对基坑变形的作用效应，总结施工工艺和支护体系对深基坑变形的有效控制措施，主要研究结论如下。

（1）总体施工方案与方法。

阐述了车公庙交通枢纽总体施工方案与方法。

（2）施工工法的比选。

通过数值计算与模型试验结果进行对比分析，盖挖逆筑法相比明挖顺筑法更能有效地减小对两侧既有构筑物的影响；同时在深基坑建设时期，应减小对原有1号线地铁车站既有结构的损坏，加强丰盛町商业街沉降变形监测，以保证新建车站施工期原有地下结构的安全与正常运营。

（3）围护结构参数。

通过增加围护结构的厚度和埋深、提高横向支撑轴力，均能减小施工对既有构筑物的破坏与影响，但考虑到工程整体的经济性与使用性，对于围护结构厚度和埋深的选取不应仅从使用性单方面考虑。

（4）变形控制措施。

依据工程实际与研究成果，针对在建地铁车站变形控制，提出了有效地增强在建车站深基坑自身稳定性和减小对既有地下结构的变形控制标准和控制措施。

7 结 论

本书依托深圳地铁 11 号线车公庙地铁综合交通枢纽工程，综合运用现场监测、数值模拟与室内试验等多种技术手段，重点阐述了新建车站大型深基坑施工侧穿既有地下结构的变形规律研究方法，提出变围护结构变形控制措施，得到了以下主要研究成果：

（1）通过车公庙地下交通枢纽大型深基坑桩基倾斜监测，分析了盖挖逆筑法施工对紧邻既有地下结构的影响，揭示紧邻既有地下结构在车站深基坑施工过程中的变形规律与支护结构失稳特点。

（2）基于 Plaxis 有限元分析软件，针对车公庙地下交通枢纽大型深基坑动态施工空间效应与影响，通过有限元数值分析，研究了明挖顺筑法和盖挖逆筑法两种深基坑施工工法对围护结构和既有构筑物的影响特征，揭示了围护结构变形规律与失稳破坏特征；通过考虑渗流固结与开挖扰动等因素，进一步论证和揭示了紧邻既有地下结构的深基坑施工期间的失稳过程，并阐述了其主要影响因素。

（3）采用几何比为 1∶50，材料容重比为 1∶1，建立地下交通枢纽大深基坑典型断面施工过程的模型试验装置，通过相似材料配比试验，采用模型介质材料分别模拟地表杂填土层、粉质黏土、粉土、细砂等材料，在模型内部适当位置布设微型多点位移计、微型土压力盒和应力传感器等监测仪器，开展了大型深基坑施工对紧邻既有地下结构的变形破坏模拟试验，通过对比分析明挖顺筑法和盖挖逆筑法两种施工工艺对既有地下结构的基坑土压力、围护结构体内力及其倾斜变形，阐述了两种施工工法在深基坑建设期间基坑内土压力变化特征，揭示了围护结构内力特征和倾斜变形规律及其成因，论证了现场监测与数值模拟所得到的研究成果的正确性。

（4）通过总结和论述车公庙地下交通枢纽总体施工方案和工艺，并依据已有的紧邻既有结构深基坑建设期间开挖支护体系的变形及控制理论，综合分析和对比数值计算、模型试验与现场监测所取得的研究成果，开展了围护结构厚度、埋深及支撑轴力等因素对围护结构倾斜变形的影响的参数敏感性分析，揭示了各支护参数对大型深基坑和既有地下结构稳定的重要性；综合以上研究成果，提出了车公庙地下交通枢纽大型深基坑工程建设中围护结构的变形安全控制措施。

参 考 文 献

[1] 赵锡宏. 大型超基坑工程实践与理论［M］. 北京：人民交通出版社，2004.

[2] 柳建国，程良奎. 北京地区基坑支护技术的发展与工程实践［J］. 岩土力学，2009，30（4）：1013－1017.

[3] 宁超. 基于空间效应的地铁车站深基坑开挖与支护的力学机理分析［D］. 北京交通大学硕士学位论文，2012.

[4] 侯学渊，刘国彬. 城市基坑工程发展的几点看法［J］. 施工技术，2000，29（1）：5－7.

[5] Burland J. B., Standing J. R., Jardine E M. Building response to tunnelling, ease studies from construction of the Jubilee Line Extension, London［J］. Thomas Telford Publishing, 2001（2）：509－545.

[6] Lunardi P., Cassani G. Construction of an underpass at the ravone railway yard in the city of Bologna［C］. Progress in Tunneling After 2000, 2001, 3：319－328.

[7] Shimin Zhang, Shixia Zhang, Fangqian Wu, et al., Deformation monitoring and analysis of deep foundation of Xiaoshan rainbow Boulevard［J］. Journal of Chemical and Pharmaceutical Research, 2014, 6（4）：69－74.

[8] Cao Qianqian. Deformation properties of diaphragm wall due to deep foundation of subway station in Ningbo soft soil［C］. 2nd International Conference on Mechanic Automation and Control Engineering, 2011, 3025－3027.

[9] Guangfan Li, Chaohe Chen, Bifeng Jiang, et al., Monitoring analysis and safety evaluation of deep foundation under complex conditions［J］. Applied Mechanics and Materials, 2014, 580：636－640.

[10] Su Xiuting, Tao Liu, Sun Fufeng. Deformation monitoring and analysis and result analysis of in excavation engineering of Qingdao subway in Hexi station［C］. International Conference on Management and Service Science, 2011, 246－250.

[11] Zhang Bin, Jin Rong, Yu XiangLian. Analysis of foundation pit deformation monitoring results about Xia Shengou station in Shenyang［J］. Advanced Materials Research, 2014, 838：858－862.

[12] Yang, Q. J., Bakerand T., Pan J. Foundation design for underground metro stations in Dubai［J］. Australian Geomechanics Journal, 2011, 46（4）：51－59.

[13] 王海洋. 浅埋暗挖车站不同开挖工法对地表沉降的影响［D］. 中国海洋大学

硕士学位论文, 2012.

[14] 潘久荣. 地铁车站施工基坑开挖对临近建筑物的影响研究 [D]. 华东交通大学硕士学位论文, 2012.

[15] 刘利民, 张建新. 深基坑开挖监测时测斜管不同埋设位置量测结果的比较 [J]. 勘察科学技术, 1995, 6: 23-28.

[16] Lam S. Y., Haigh S. K., Bolton M. D. Understanding ground deformation mechanisms for multi-propped excavation in soft clay [J]. Soils and Foundations, 2014, 54 (3): 296-312.

[17] Lavrov I. V., Ternovskaya V. T., Vinogradov Yu. A., et al., Monitoring the condition of bearing components, beds, and foundations of historical buildings of the Moscow Kremlin [J]. Soil Mechanics and Foundation Engineering, 2014, 51 (3): 140-144.

[18] Capelo Antönio, Correia A. Gomes, Ramos Luís F., et al., Modeling and monitoring of an excavation support using CSM [J]. Geotechnical Special Publication, 2012, 228: 243-250.

[19] Sundaram Ramesh, Kamath G. M., Gupta Nitesh. Structural health monitoring of composite structures - issues and challenges [J]. International Journal of Vehicle Structures and Systems, 2012, 4 (3): 74-85.

[20] Liu Ya Long. Numerical analysis of the deformation law of deep foundation of subway station by FLAC3D [J]. Advanced Materials Research, 2014, 915: 62-67.

[21] 李磊, 段宝福. 地铁车站深基坑工程的监控量测与数值模拟 [J]. 岩石力学与工程学报, 2013, 32 (增1): 2684-2691.

[22] 刘杰, 姚海林, 任建喜. 地铁车站基坑围护结构变形监测与数值模拟 [J]. 岩土力学, 2010, 31 (增2): 456-461.

[23] 周克勤, 吴耐明. 地铁车站围护结构桩体变形监测中有关问题的初步探讨 [J]. 工程勘察, 2011, 2: 74-77.

[24] 王伟. 合肥轨道交通基坑变形监测及数值模拟分析 [D]. 合肥工业大学硕士学位论文, 2011.

[25] 高立新, 王强, 李国杰. 地铁车站深基坑变形规律现场监测 [J]. 铁道工程学报, 2011, 158 (11): 112-116.

[26] Osman, A. S., Bolton, M. D., Ground movement prediction for braced excavations in undrained clay [J]. Journal of Geotechnical and Geoenvironmental Engineering, 2006.

[27] 寿旋, 徐肖华, 孙苗苗, 等. 软土地区深基坑被动土体加固高度改进研究

[J]. 岩土工程学报, 2010, 32（增刊1）: 104-108.

[28] 王洪德, 秦玉宾. 软弱地层地铁车站深基坑开挖过程仿真及安全性分析 [J]. 安全与环境学报, 2013, 13（2）: 196-201.

[29] 何瑞. 某地铁车站深基坑开挖施工阶段围护结构变形规律数值模拟与分析 [J]. 铁道勘测与设计, 2010, 4: 116-119.

[30] Valizadeh Kivi A., Sadaghiani M. H., Ahmadi M. M. Numerical modeling of ground settlement control of large span underground metro station in Tehran Metro using Central Beam Column (CBC) structure [J]. Tunnelling and Underground Space Technology, 2012, 28（1）: 1-9.

[31] Castaldo P., Calvello M., Palazzo B. Probabilistic analysis of excavation-induced damages to existing structures [J]. Computers and Geotechnics, 2013, 53: 17-30.

[32] Romani E., Sorge R., Guiducci G., et al. Deep excavation of Malatesta station in Rome: Design, construction and measures [C]. Geotechnical Aspects of Underground Construction in Soft Ground – Proceedings of the 7th International Symposium on Geotechnical Aspects of Underground Construction in Soft Ground, 2012, 301-308.

[33] Yang Q. J., Bakerand T., Pan J. Foundation design for underground metro stations in Dubai [J]. Australian Geomechanics Journal, 2011, 46（4）: 51-59.

[34] Thompson Mark J., Suleiman, Muhannad T. Numerical modeling of rammed aggregate pier construction [J]. Geotechnical Special Publication, 2010, 199: 1460-1469.

[35] 唐长东, 杨小平, 刘庭金. 紧贴地铁车站单侧深基坑的施工方案对比研究 [J]. 地下空间与工程学报, 2013, 9（5）: 1121-1126.

[36] 张明聚, 何欢, 李春辉, 等. 明挖地铁车站围护结构受力变形监测与数值模拟分析 [J]. 北京工业大学学报, 2013, 39（6）: 875-880.

[37] 李佳宇, 张子新. 圆砾层地铁车站深基坑变形特征三维数值分析 [J]. 地下空间与工程学报, 2012, 8（1）: 71-76.

[38] 李培楠, 李晓军, 王庆国, 等. 穿越运营地铁车站的基坑开挖及对周边环境影响的安全分析 [J]. 路基工程, 2012, 2: 53-58.

[39] 黄佳. 地铁车站施工过程数值模拟及方案优化分析 [D]. 西安建筑科技大学硕士学位论文, 2013.

[40] 褚峰, 李永盛, 梁发云. 土体小应变条件下紧邻地铁枢纽的超深基坑变形特性数值分析 [J]. 岩石力学与工程学报, 2010, 29（增1）: 3184-3192.

[41] 雷胜友. 离心模型试验技术及其在中国的应用 [J]. 西安公路交通大学学报, 1998, 18 (4): 222–226.

[42] 王铁宏. 地基基础模型试验原理与应用 [J]. 建筑科学, 1992, 26 (6): 12–16.

[43] 苏晓科. 建筑基坑板桩墙支护模型试验装置的制作与研究 [D]. 武汉科技大学硕士学位论文, 2009.

[44] Yun, G. J., Bransby, M. F. Centrifuge modeling of the horizontal capacity of skirted foundations on drained loose sand [A]. BGA International Conference on Foundations, Innovations, Observations, Design and Practice [C], 2003, 975–984.

[45] Bolton, M. D., Steedman, R. S. Behaviour of Fixed Cantilever Walls Subject to Lateral Shaking [C]. Proceedings of a Symposium on the Application of Centrifuge Modelling to Geotechnical Design. Manchester, Engl., 1985, 301–313.

[46] 漆泰岳, 刘强, 琚国全. 软弱岩层大跨度地铁车站施工优化与地表沉降控制 [J]. 岩石力学与工程学报, 2010, 29 (4): 804–813.

[47] 凌道盛, 郭恒, 蔡武军, 等. 地铁车站地震破坏离心机振动台模型试验研究 [J]. 浙江大学学报 (工学版), 2012, 46 (12): 19–27.

[48] 李围, 何川, 陈晓婷. 配合盾构法建成三连拱地铁车站模型试验研究 [J]. 工程力学, 2010, A02: 245–248.

[49] 梁发云, 褚峰, 宋著, 等. 紧邻地铁枢纽深基坑变形特性离心模型试验研究 [J]. 岩土力学, 2012, 33 (3): 657–664.

[50] 梁发云, 褚峰, 宋著, 等. 深基坑变形特性的离心模型试验、数值计算与现场实测对比分析 [J]. 长江科学院院报, 2012, 29 (1): 74–78.

[51] 马险峰, 张海华, 朱卫杰. 软土地区超深基坑变形特性离心模型试验研究 [J]. 岩土工程学报, 2009, 31 (9): 1371–1377.

[52] 韩科周, 王在泉, 管洪振, 等. "上软下硬"地层条件下地铁车站合理埋深确定 [J]. 地下空间与工程学报, 2011, 7 (增刊2): 1594–1597.

[53] 房倩, 张顶立, 侯永兵, 等. 浅埋暗挖地铁车站的安全风险控制技术 [J]. 北京交通大学学报, 2010, 34 (4): 16–21.

[54] 张成平, 张顶立, 吴介普, 等. 暗挖地铁车站下穿既有地铁隧道施工控制 [J]. 中国铁道科学, 2009, 30 (1): 69–73.

[55] 张顶立. 城市地铁施工的环境安全风险管理 [J]. 土木工程学报, 2005, 38 (增刊): 5–9.

[56] 高盟, 高广运, 冯世进, 等. 基坑开挖引起紧贴运营地铁车站的变形控制研究 [J]. 岩土工程学报, 2008, 30 (6): 818–823.

[57] 姚宣德,王梦恕.地铁浅埋暗挖法施工引起的地表沉降控制标准的统计分析[J].岩石力学与工程学报,2006,25(10):2030-2035.

[58] 霍润科,颜明圆,宋战平.地铁车站深基坑开挖监测与数值分析[J].铁道工程学报,2011,152(5):81-85.

[59] 武朝军,陈锦剑,叶冠林,等.苏州地铁车站基坑变形特性分析[J].岩土工程学报,2010,32(增刊1):458-462.

[60] 王雪浪,朱彦鹏.基坑开挖支护变形特性及稳定性分析[J].兰州理工大学学报,2010,36(4):116-119.

[61] Duncan J M, Chang C Y. Nonlinear analysis of stress and strain in soils [J]. Journal of the Soil Mechanics and Engineering Foundations Division, ASCE, 1970, 94 (SM3): 637-659.

[62] Manzari M T, Nour M A. Significance of soil dilatancy in slope stability analysis [J]. Journal of Geotechnical and Geoenvironmental Engineering, ASCE, 2000, 123 (1): 755-768.

[63] 北京金土木软件技术有限公司.PLAXIS岩土工程软件使用指南[M].北京:人民交通出版社,2010.

[64] 张强勇,李术才,焦玉勇.岩体数值分析方法与地质力学模型试验原理及工程应用[M].北京:中国水利水电出版社,2005.

[65] 沈泰.地质力学模型试验技术的进展们[J].长江科学院院报,2001,18(5):32-36.

[66] 陈安敏,顾金才,沈俊.地质力学模型试验技术应用研究[J].岩石力学与工程学报,2004,23(22):3785-3789.

[67] 袁文忠.相似理论与静力学模型试验[M].西安:西安交通大学出版牡,1998.

[68] Peek R B. Deep excavation sand tunneling in soft ground [C]. Proceedings of 7th International Conference on soil mechanics and foundation engineering [C]. Mexico City: State of the Art Report, 1969, 225-290.

[69] Jan Niklas Franzius. Behaviour of buildings due to tunnel induced subsidence [D]. Department of Civil and Environmental Engineering Impeial College of Science, Technology and Medicine London, SW72BU, 2003.